BAC PRO
COMMERCE

Gérer
Vendre - Animer

Gwénaël Gogendeau
Marc Steckler

Nathan

Édition : Angélique Gosselet/Jeanne Delorme
Coordination artistique : Thierry Méléard
Fabrication : Françoise Leroy
Conception intérieure : Favre et Lhaïk
Conception couverture : Killiwatch
Mise en pages : Edicompo

ISBN 978-2-09-160653-8

Réflexe

Les mémos de la réussite

9 titres pour réussir votre BAC PROFESSIONNEL

- Français
- Histoire-Géographie
- Mathématiques - Tertiaire
- Mathématiques - Industriel
- Vocabulaire Anglais

- Économie et Droit
- Communication et organisation
- Comptabilité et gestion des activités
- Gérer - Vendre - Animer

Nathan

Sommaire

Réussir les épreuves du domaine professionnel du Bac Pro Commerce

Les compétences professionnelles sont évaluées par le biais de trois épreuves.

Épreuve	Coefficient	Forme	Durée
E1 – Épreuve scientifique et technique : sous-épreuve E11 : préparation et suivi de l'activité de l'unité commerciale	4	Écrite	3 heures
E2 – Action de promotion-animation en unité commerciale	4	CCF[1] ou oral	30 minutes
E3 – Vente en unité commerciale	4	CCF[1] ou oral	30 minutes

1. CCF : contrôle en cours de formation qui concerne les candidats en lycées publics, privés sous contrat, CFA ou section d'apprentissage habilité, formation continue dans un établissement public.

1 La préparation et le suivi de l'activité de l'unité commerciale (sous-épreuve E11)

1. La nature de l'épreuve

Cette épreuve se présente sous la forme de **plusieurs situations**, liées à l'exercice de la profession et pouvant être accompagnées d'une documentation. Elles évaluent les compétences relatives à la gestion des produits dans l'espace de vente, à la participation à la gestion de l'unité commerciale et à la fidélisation de la clientèle.

2. Le sujet

À votre arrivée dans la salle, un dossier vous est remis :
– les premières pages présentent la ou les entreprises, les missions qui vous sont confiées ainsi que le travail à réaliser ;
– les pages suivantes sont des documents de travail qui permettent de traiter les différentes missions que vous avez à réaliser. Vous devez répondre aux questions soit sur votre copie, soit sur des annexes à compléter et à rendre avec votre copie.

3. La lecture du sujet

– Vérifiez que le sujet est complet (le nombre total de pages est indiqué dès la première page).

– Sélectionnez les documents utiles pour traiter chaque situation : documents de travail et annexes correspondants.
– Faites une première lecture rapide des documents, des questions et des annexes pour cerner la globalité des missions à traiter.

4. La réalisation du travail

Pour réaliser le travail demandé et traiter tous les dossiers dans le temps qui vous est imparti, vous devez faire preuve de méthode tant sur le plan de la présentation que des réponses aux questions qui vous sont posées.

a) **La présentation du travail**

Veillez à :
– respecter la formulation utilisée pour les différents dossiers à traiter (ex. : mission 1, dossier 1, 1re partie) ;
– indiquer clairement la question que vous traitez en reprenant son numéro et l'essentiel du travail à réaliser (ex. : question 1 : synthèse sur la satisfaction des clients) ;
– aérer votre travail : sautez des lignes entre le titre de la question et sa réponse. Allez à la ligne pour chaque paragraphe ;
– présenter votre travail sous forme de tableau si vous pensez que cela favorise la clarté de la réponse ;
– présenter vos réponses sous forme de tirets si l'on vous demande une énumération (ex. : « Citez les points forts et les points faibles du magasin ») ;
– prendre une nouvelle page lorsque vous rédigez un document commercial ;
– garder quinze minutes pour relire votre copie et corriger vos fautes.

b) **La réponse aux questions**

Veillez à :
– justifier vos calculs par une phrase (ex. : « Le CA a progressé de *x* % en deux ans ») ;
– identifier les mots clés de la consigne de travail : le verbe est important car il indique l'action à réaliser (ex. : « Proposez des solutions pour améliorer la gestion des stocks » signifie que vous devez donner des exemples concrets d'actions à mettre en place : réduire les commandes, baisser le prix des produits, modifier l'emplacement du linéaire...) ;
– argumenter vos propos lorsqu'on vous demande un travail d'analyse, un commentaire, une justification (ex. de question : « Que pensez-vous de la place attribuée à chaque produit dans le linéaire ? »

Ex. de réponse : « On constate une baisse importante des ventes du produit A et sa rentabilité est faible ; par contre, on constate que le produit B est en rupture fréquente de stocks et que ses ventes sont en hausse : il convient d'augmenter le linéaire du produit B au détriment du produit A »).

Les clés de la réussite

Pour cette épreuve, vous avez deux principaux ennemis : le temps et le stress.

Pour limiter le stress :

• Préparez quelques jours avant l'épreuve un dossier dans lequel vous mettrez : votre convocation, une pièce d'identité et une calculatrice en état de fonctionnement.

• Si vous ne connaissez pas l'établissement dans lequel vous êtes convoqué(e), faites le trajet avant le jour de l'épreuve et prévoyez un laps de temps suffisant pour anticiper les aléas liés au trajet.

• Prévoyez d'arriver au moins trente minutes avant le début de l'épreuve pour repérer la salle dans laquelle vous allez composer.

Pour gérer votre temps :

• Posez votre montre devant vous sur la table et décomposez votre temps qui est de trois heures, soit :

– quinze à vingt minutes pour : lire le sujet, identifier les différentes parties ainsi que le type de travail à réaliser et sa complexité (analyse de documents, calculs...) ;

– deux heures trente maximum pour traiter l'ensemble des questions. Notez dans un premier temps vos réponses au brouillon, vérifiez systématiquement vos calculs et reportez vos réponses sur votre copie et/ou les annexes. Si vous éprouvez des difficultés pour la réalisation d'un dossier, passez à la réalisation du travail suivant et reprenez le dossier qui vous pose problème par la suite ;

– quinze à vingt minutes pour la relecture.

2 L'action de promotion-animation en unité commerciale (épreuve E2)

1. L'épreuve

Vous êtes évalué(e) sur la mise en place d'une opération de promotion-animation de rayon réalisée dans une entreprise dans laquelle vous avez effectué une période de formation ou dans laquelle vous êtes salarié(e). Cette épreuve s'effectue sous la forme d'une soutenance orale comprenant un temps d'exposé (dix minutes maximum) et un temps d'entretien (vingt minutes maximum). Un dossier de dix à quinze pages maximum, élaboré à l'aide de l'outil informatique, sert de support à cette épreuve.

2. Le montage du dossier

a) **Les étapes à suivre lors d'une action de promotion-animation**

Étape 1 : définissez avec votre tuteur le produit à mettre en avant.
Étape 2 : déterminez la date et les quantités à commander.
Étape 3 : le jour de la réception, contrôlez la marchandise, montez le podium et mettez en place l'affichage.
Étape 4 : durant l'opération d'animation, assurez-vous de la bonne tenue de la mise en avant des produits et informez la clientèle sur la qualité des produits.
Étape 5 : à la fin de l'opération, analysez les ventes et repérez les points forts et les points faibles de l'opération.
Étape 6 : rédigez votre dossier.
Attention : pensez à collecter des informations nécessaires lors de chaque étape (chiffres, photos, étude de marché, articles de journaux...).

b) **Exemples d'action de promotion-animation possibles**

– promotion-animation de fruits et légumes avec dégustation ;
– promotion-animation sur des produits épicerie avec un fournisseur local ;
– promotion-animation des jouets de Noël ;
– promotion-animation des coffrets de parfum de fin d'année.

c) **Les différentes parties du dossier**

– la présentation de l'action (titre de l'action, principales caractéristiques de l'entreprise, situation professionnelle à l'origine de l'action...) ;
– la démarche suivie pour monter l'action et votre degré d'implication ;
– la partie technique relative au produit ou à la ligne de produits, en relation avec la promotion-animation ;
– la stratégie de promotion-animation proposée (cible, objectifs, techniques mises en œuvre...).

3. La soutenance orale de l'action de promotion-animation

La soutenance orale se déroule en deux parties bien distinctes ; la préparation est donc différente.

a) **L'exposé**

Dans cette première partie, vous présentez un travail que vous êtes le (la) seul(e) à connaître à un jury qui souhaite en comprendre l'essentiel. Quelques conseils :

– structurez votre présentation selon un plan cohérent ;

– entraînez-vous avant de présenter votre dossier afin de repérer vos points forts et vos faiblesses ;

– prenez connaissance de la grille d'évaluation et des critères selon lesquels vous serez positionné(e) ;

– respectez le temps d'exposé qui vous est accordé ;

– réfléchissez aux outils et supports de communication adaptés à votre présentation (diaporama, transparents, plans, photos...) ;

– ayez toujours à l'esprit que le jury n'a pas la connaissance que vous avez de l'entreprise : son contexte, ses activités, sa politique commerciale.

b) **L'entretien**

Dans cette deuxième partie, le jury vous questionne et échange avec vous afin de vous faire préciser, approfondir, développer certains points de votre travail (démarche, produits ou secteurs choisis, implication, choix proposés, résultats...).

Quelques conseils :

– préparez les réponses à des questions qui peuvent vous être posées (sur l'entreprise, les démarches effectuées, les contraintes liées à l'action, les résultas obtenus, la suite à donner à l'action....) ;

– écoutez attentivement les questions posées et répondez clairement ;

– argumentez vos propos en étant précis(e) dans vos réponses, en les illustrant de données chiffrées par exemple.

Les clés de la réussite

Vous passez un diplôme professionnel validé pour cette épreuve par un professeur et un membre de la profession. Votre tenue et votre comportement doivent refléter votre professionnalisme : soignez votre tenue vestimentaire et adoptez des attitudes communicantes – politesse, maîtrise de soi, écoute active.

3 La vente en unité commerciale (épreuve E3)

Vous êtes évalué(e) sur l'acquisition des compétences que vous avez mises en œuvre en entreprise au travers de trois situations professionnelles :

– vente (ex. : vente tel jour de la semaine 18) ;

– organisation de l'offre-produit (ex. : mise en place des produits en vue d'une opération spécifique durant la semaine 43) ;
– gestion du rayon (ex. : gestion d'une sous-famille durant la semaine 24).
L'évaluation est différente selon que vous êtes en CCF (contrôle en cours de formation) ou en épreuve ponctuelle.

1. Pour les candidats en CCF (contrôle en cours de formation)
Le contrôle porte sur les trois situations professionnelles selon un programme établi par votre maître d'apprentissage et votre professeur. Il est effectué dans l'entreprise. L'épreuve **comporte trois séquences d'évaluation** mises en place dans les entreprises dans lesquelles vous effectuez vos périodes de formation.

2. Pour les candidats en épreuve ponctuelle
L'épreuve est une **soutenance orale** qui a lieu en fin de deuxième année. Elle comporte deux phases : un exposé de dix minutes maximum sur une des trois situations réalisées (vente, organisation de l'offre-produit et gestion du rayon) et un entretien de vingt minutes maximum.
Un compte-rendu de dix à quinze pages des trois situations professionnelles vécues, sur support papier élaboré à l'aide de l'outil informatique, sert de support à cette épreuve. Il doit préciser pour chaque activité : les principales caractéristiques de l'entreprise, les conditions de réalisation, les outils ou matériels utilisés, les problèmes rencontrés, les solutions adoptées et les règles à tirer de l'expérience.

Les clés de la réussite

Quelques conseils pour développer les compétences nécessaires qui vous permettront d'être performant(e) en entreprise et de réussir dans les trois domaines sur lesquels vous serez évalué(e) :

1. La vente
- Mettez-vous en situation de vente d'un produit en contact direct avec les clients.
- Travaillez votre argumentaire et votre sens de la communication.

2. L'organisation de l'offre-produit
- Mettez en place l'affichage et la décoration dans le cadre d'une opération commerciale.
- Soyez attentif/-ive à l'aspect attractif de vos facteurs d'ambiance.

3. La gestion du rayon
- Ayez une bonne connaissance du fonctionnement du rayon dans lequel vous allez être évalué(e).

1 Le marché

1 Définition

À l'origine, le *mercator* (« marché » en latin) désigne le lieu où s'effectuent les échanges. Aujourd'hui, un marché existe si plusieurs éléments sont réunis :
– un besoin clairement exprimé ;
– une demande pour satisfaire ce besoin ;
– une offre correspondant à ce besoin ;
– un prix correspondant à la valeur d'échange du besoin.

2 Les composantes du marché

1. La demande

La demande est représentée par plusieurs intervenants.

L'acheteur	Il effectue l'acte d'achat.
Le consommateur	Il utilise le produit ou service acheté. On distingue : – **le non-consommateur relatif** : il n'achète pas le produit actuellement mais est susceptible de l'acheter un jour ; – **le non-consommateur absolu** : il n'achètera jamais le produit.
Le prescripteur	Il a une compétence pour influencer le consommateur dans l'acte d'achat (ex. : esthéticienne, enseignant).
Le guide ou le leader d'opinion	Il influence par sa notoriété (ex. : star, mannequin, sportif de haut niveau...).

2. L'offre

L'offre est représentée par :
– les **producteurs** : ce sont les entreprises qui fabriquent le produit ;
– les **distributeurs** : ce sont les intermédiaires entre le consommateur et le fabricant. Ils sont représentés par : la grande distribution, le commerce traditionnel, la vente directe (marchés, foires, salons), la vente à distance (téléachat, vente par Internet, par catalogue).

3 Les types de marché

On distingue deux types de marché.

Marché	Caractéristiques
Actuel	Marché de l'entreprise + marché des concurrents
Potentiel	Marché actuel de l'entreprise + non-consommateurs relatifs

4 Le marché et son environnement

Plusieurs types d'environnement influencent le marché.
Ils peuvent être source d'opportunités mais aussi de menaces.

Exemples de facteurs	Exemples d'influences
Environnement démographique	
Baisse de la démographie.	Baisse du marché de la puériculture.
Vieillissement de la population.	Hausse du marché de la santé.
Environnement économique	
Crise économique.	Baisse du secteur des loisirs.
Augmentation des revenus.	Hausse des produits d'épargne.
Environnement technologique	
Apparition de nouvelles technologies.	Hausse du marché lié à l'informatique.
Environnement politique	
Modifications des lois et des réglementations.	Hausse du marché des vitrines réfrigérées (réglementation liée à la rupture de la chaîne du froid).
Baisse du temps de travail.	Augmentation du secteur des loisirs.
Environnement social et culturel	
Développement de l'activité professionnelle des femmes.	Hausse de la demande des plats cuisinés.
Développement des valeurs du « naturel ».	Hausse des produits « bio ».
Développement des valeurs sécuritaires.	Hausse des produits d'assurance.

5 Le calcul d'une part de marché

Exemple	Méthode
Trois entreprises A, B et C se partagent le marché du VTT sur la ville X en 2005. Chiffre d'affaires de A : 45 000 €. Chiffre d'affaires de B : 34 000 €. Chiffre d'affaires de C : 7 000 €.	Étape 1 : calcul du total du CA : 45 000 + 34 000 + 7 000 = 86 000 €. Étape 2 : calcul de la part de marché : – A : 45 000 / 86 000 = 52,33 % ; – B : 34 000 / 86 000 = 39,53 % ; – C : 7 000 / 86 000 = 8,14 %. Étape 3 : vérification : A + B + C = 100 %.

Exercice 1 *Identifier les intervenants de la demande*

Voici des situations mettant en scène des acteurs de la demande :

A. Sur les conseils de son esthéticienne, Sophie achète des produits « BB » pour sa fille.

B. Sur les conseils de son amie Sophie, Léa change de marque de lessive.

C. Après avoir lu une étude comparative dans un magazine de consommateurs, Léa s'achète un nouveau portable.

D. Pour imiter son meilleur copain, Bastien, le fils de Sophie, demande à sa mère un cartable d'une marque connue pour la rentrée scolaire.

E. Jean, le père de Sophie, offre à la famille un Caméscope pour Noël.

Travail à faire

Pour chaque situation, identifiez les intervenants de la demande : le consommateur, l'acheteur, le prescripteur, le guide d'opinion.

CORRIGÉ p. 134

Conseil

Lisez attentivement les situations : un intervenant peut avoir plusieurs rôles.

Exercice 2 *Analyser l'évolution de l'offre*

Vous consultez un article relatif au marché du bien-être (document ci-dessous).

Travail à faire

1. Indiquez la raison principale qui explique l'évolution de ce marché.
2. Précisez comment se répartit l'offre de ce marché.

CORRIGÉ p. 134

Document : ***Extrait d'article***

Les nouveaux espaces du bien-être

Ce début de XXIe siècle s'annonce comme celui du bien-être. S'occuper de soi sans culpabilité devient une tendance forte. Face à la montée du stress, tout est bon pour se faire dorloter et chouchouter. Les espaces qui proposent des soins sophistiqués à une clientèle fortunée se multiplient. D'autres acteurs se positionnent sur le marché des soins à petits prix pour séduire un consommateur toujours plus avide de décompression.

Valérie Sébillet-Musset, www.altema.com.

Exercice 3 *Repérer les influences de l'environnement du marché*

Voici différents facteurs qui influencent l'évolution des marchés :
A. la réduction du temps de travail ;
B. le développement des sociétés multiraciales et multiculturelles ;
C. la diminution du nombre de personnes au foyer.

Travail à faire

1. Indiquez à quel type d'environnement appartient chaque facteur : démographique, économique, socioculturel, technologique, institutionnel. Donnez pour chacun un exemple d'opportunité de marché.
2. Donnez des exemples de facteurs qui ont eu pour effet :
- l'augmentation des dépenses sur l'équipement de la maison ;
- l'augmentation de la consommation en marques distributeurs.

CORRIGÉ p. 134

Conseil

Répondez sous forme de tableau à la question 1 :

Facteur	La réduction du temps de travail.	Le développement des sociétés multiraciales et multiculturelles.	La diminution du nombre de personnes au foyer.
Environnement			
Exemple d'opportunité			

Exercice 4 *Calculer des parts de marché*

Quatre grossistes de la région lilloise se partagent le marché de la pomme de terre (les ventes sont calculées en ventes moyennes par jour).

Grossiste	G1	G2	G3	G4	Total
Vente en volume (tonnes)	1,2	1	0,85	0,75	
Vente en valeur (€)	1 750	1 867	678	490	

Travail à faire

1. Calculez les parts de marché pour chaque grossiste en volume et en valeur.
2. Calculez le prix de vente du kg de pomme de terre pour chaque grossiste.

CORRIGÉ p. 135

ENTRAÎNEZ-VOUS

2 L'étude de marché

1 Les objectifs de l'étude de marché

L'étude de marché consiste à **rechercher des informations** précises pour prendre des **décisions commerciales** :
– lors de la **création** d'une entreprise : future clientèle, positionnement du produit sur le marché, perspectives et débouchés du marché... ;
– tout au long de son existence : pour **adapter** ses produits à la concurrence, **étudier l'image** de l'entreprise, **mesurer la satisfaction** des services...

2 Le recueil de l'information

1. Le choix de la méthode

La méthode dépend surtout de la nature des informations à recueillir et de l'objectif visé.

Nature des informations	L'information existe.	L'information n'existe pas.	
Étude	Documentaire	Qualitative	Quantitative
Objectif	Recenser les informations disponibles.	Cerner des comportements.	Établir des statistiques.

2. Les différents types d'étude

a) **L'étude documentaire**

	Sources internes	Sources externes
Quelles informations rechercher ?	L'évolution de chiffres d'affaires, la rentabilité d'une gamme de produits, les profils des clients actuels, le panier moyen...	L'offre, la demande, l'évolution d'un segment de marché, les créneaux porteurs, les tendances de consommation...
Comment les trouver ?	Dans les rapports de représentants, les statistiques de vente, les fichiers clients, les cahiers de réclamations.	Auprès d'organismes spécialisés publics ou privés : chambres de commerce, syndicats professionnels, INSEE, CREDOC. Dans la presse spécialisée (*Action commerciale*, *LSA*, *Commerce Magazine*...).

b) L'étude qualitative

Méthodes	Caractéristiques
Entretien	Les entretiens sont réalisés par des psychosociologues qui analysent les résultats d'interviews menées avec les clients sur leurs motivations ou leurs freins à l'achat (produit, image d'une entreprise...). Ils sont réalisés individuellement ou en groupe (table ronde).
Tests	– Tests gustatifs : ils sont fréquemment utilisés pour le lancement d'un nouveau produit. – Tests de perception : ils peuvent être utilisés par exemple pour évaluer l'impact de films publicitaires, pour évaluer la résistance à un nouveau produit, à un nouveau service ou concept. – Tests de créativité : par exemple, on peut utiliser la technique du *brainstorming* pour trouver un slogan publicitaire, le nom d'un nouveau produit.
Observation	Il s'agit d'observer l'individu à son insu afin de repérer et analyser ses réactions naturelles et son comportement dans un point de vente : prise en main d'un produit dans un rayon, circuit emprunté dans le magasin, perception des éléments de communication (PLV, ILV, tracts...), acceptation ou résistance par rapport aux nouveaux outils d'information (borne interactive, produits présentés en vidéo).

c) L'étude quantitative

Elle est réalisée au moyen d'un questionnaire d'enquête.

Méthodes	Caractéristiques
Sondage	L'enquête est ponctuelle et réalisée auprès d'un échantillon représentatif de la population à étudier. On l'appelle aussi enquête *ad hoc*. Les consommateurs sont sondés au moyen d'un questionnaire qui peut être administré de différentes façons : en face-à-face, par téléphone, par courrier, par Internet, à domicile. Le choix de la méthode dépend essentiellement des variables à étudier, de la taille de l'échantillon, des délais et du budget. Le traitement des données permet d'obtenir des statistiques. Il est généralement réalisé par des logiciels spécialisés.
Panel	L'enquête est réalisée auprès d'un échantillon permanent interrogé régulièrement par une entreprise spécialisée. On distingue les panels de consommateurs (ex. : Secodip) et les panels de distributeurs (ex. : Nielsen).

Exercice 1 *Identifier les méthodes de recueil d'information*

Trois jeunes commerciaux décident de créer une société de service à domicile dans un quartier périphérique de Marseille. Voici leurs démarches :
- dans un premier temps, ils se rendent à la chambre de commerce de Marseille pour recueillir des statistiques sur ce marché au niveau local. Ils achètent un fichier leur donnant la liste des entreprises de ce type sur la région ;
- ils contactent ensuite un ami qui travaille dans une entreprise similaire sur Paris (Dom Services). Ils obtiennent des informations par le service commercial qui dispose de statistiques internes sur la demande des clients, le chiffre d'affaires par secteur (aide aux devoirs / services ménagers / entretien de la maison / travaux de jardinage...). Cet ami leur conseille également de lire des articles dans la presse commerciale : *Action commerciale*, *Management*, *Entreprendre*, afin d'obtenir des informations sur les tendances du marché et les perspectives d'avenir ;
- ils font ensuite appel à une société d'études de marché afin d'avoir plus d'informations. Elle leur propose d'interroger des consommateurs afin d'évaluer leurs besoins et intentions d'achat au moyen d'un questionnaire d'enquête auprès d'un échantillon de 200 habitants du quartier.

Travail à faire

1. Recensez les informations recherchées et la méthode utilisée par les futurs créateurs d'entreprise en vous inspirant du tableau ci-dessous.

Information recherchée	Méthode
Statistiques sur le marché local	CCI de Marseille

2. Classez les informations en fonction du type d'étude : documentaire, qualitative ou quantitative.

CORRIGÉ p. 135

Conseils

– Procédez en trois étapes : listez les informations recherchées, repérez les méthodes puis identifiez-les.
– Vérifiez que vous avez identifié les caractéristiques des différentes méthodes, en particulier les différences entre une étude quantitative et qualitative.

Exercice 2 *Identifier une méthode d'enquête*

Vous êtes stagiaire chez Microcom, boutique parisienne spécialisée en matériel informatique. Votre responsable, monsieur Carlier, vous présente la synthèse d'une étude qu'il a réalisée (document ci-dessous).

Travail à faire

1. Indiquez l'objectif visé par monsieur Carlier en réalisant son étude.
2. Précisez de quel type d'étude il s'agit en justifiant votre réponse.
3. Indiquez à monsieur Carlier comment obtenir des informations sur le marché d'Internet en France : taux d'équipement, profils de consommateurs, évolution et perspectives de ce marché.

CORRIGÉ p. 135

Document : ***Synthèse de monsieur Carlier***

L'étude réalisée en face-à-face auprès des clients sur deux semaines en janvier 2005 au moyen d'un questionnaire d'enquête permet de dégager les points suivants :

Points forts

Trois éléments sont jugés très favorables : le service après-vente, les conseils et les horaires d'ouverture. La disponibilité des vendeurs est satisfaisante.

Points faibles

Le manque de choix pour nos deux produits les plus vendus est mis en avant ainsi que les prix. Le site Internet est jugé très insatisfaisant et peu connu (utilisé seulement par 3 % de nos clients).

Améliorations à apporter

Nous devons porter nos efforts sur deux points :

– les produits : revoir notre assortiment et les prix proposés (un client sur deux effectue ses achats dans une grande surface spécialisée) ;

– la communication : le bouche-à-oreille est le média le plus utilisé (un tiers de la clientèle) mais la communication sur l'arrondissement est à développer ainsi que le site Internet (47 % de nos clients ont déjà acheté un produit par Internet).

Conseils

– Procédez en deux temps : repérez les mots clés ou informations essentielles puis procédez par élimination des études ne correspondant pas.

– Pensez à utiliser votre expérience professionnelle et personnelle.

3 La clientèle

1 Les différents types de clientèle

On distingue trois types de clientèle :
– la **clientèle potentielle** : clientèle de la concurrence ou qui n'utilise pas le produit ou le service mais qui pourrait le faire ;
– la **clientèle temporaire** : clientèle de passage, qui fréquente le point de vente pendant une durée limitée (ex. : vacanciers) ;
– la **clientèle fidèle** : clientèle habituelle et régulière du point de vente.

2 Les motivations d'achat

Connaître sa clientèle, c'est identifier ses motivations d'achat et ses freins. L'entreprise peut ainsi mieux s'y adapter et être plus efficace.

1. Définitions

Une **motivation** est une force consciente ou inconsciente qui pousse le client à agir : c'est un mobile.
Un **frein** est une force consciente ou inconsciente qui empêche l'achat et l'utilisation d'un produit ou d'un service.
Il existe différentes façons de classer les motivations : la classification de Joannis, celle de Maslow ou celle correspondant à la typologie SONCAS.

2. Les motivations d'achat selon Joannis

– La **motivation hédoniste** : se faire plaisir.
– La **motivation d'auto-expression** : se réaliser, être reconnu, être le premier.
– La **motivation oblative** : pour faire plaisir à quelqu'un d'autre.

3. La motivation selon Maslow

La pyramide de Maslow classe les besoins des individus depuis les plus primaires, liés à la survie, jusqu'aux plus complexes, liés à l'accomplissement de soi. L'individu cherche d'abord à satisfaire le besoin vital. Une fois ce besoin satisfait, il cherche à satisfaire le besoin suivant, et ainsi de suite...

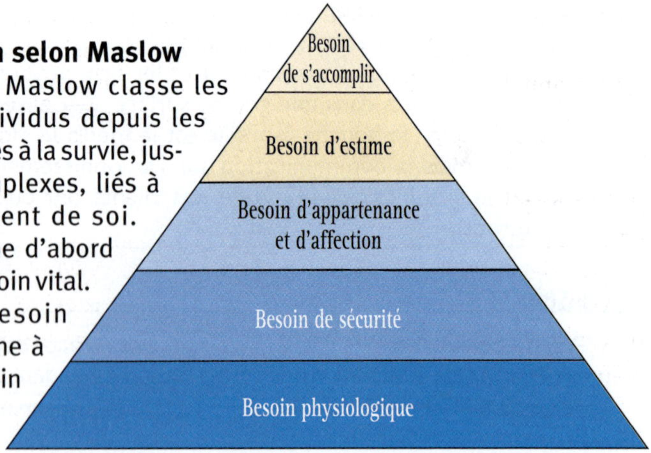

4. Le profil SONCAS

Le comportement d'achat du client répond à un ou plusieurs des mobiles suivants.
(Remarque : le vendeur repère ces mobiles dans les propos de son client et adapte ensuite la formulation des avantages.)

Mobiles d'achat	Notions associées ou mots clés
Sécurité	Fiabilité, savoir-faire, expérience, garantie, SAV.
Orgueil	Prestige de la marque, modèle unique, exclusivité.
Nouveauté	Innovation, mode, nouvelle technologie, dernier modèle.
Confort	Pratique, simple, clé en main, ergonomique.
Argent	Économie, investissement, rentabilité, budget, rapport qualité/prix.
Sympathie	Fidélité, amitié, cadeau, plaisir, coup de cœur, séduction.

3 La segmentation

Il est rare qu'une entreprise puisse s'adresser à tous les acheteurs de façon uniforme. Ils peuvent être très dispersés et très hétérogènes dans leurs attentes et leurs comportements d'achat. **Segmenter**, c'est diviser la clientèle en plusieurs sous-groupes au sein desquels les clients ont des besoins et/ou des comportements les plus homogènes possible.

1. Les différents critères de segmentation

– Les **critères géographiques** : la région, le climat, le type d'habitat (rural/urbain, centre-ville/banlieue), les tranches d'agglomération (moins de 2 000 habitants, de 2 000 à 5 000 habitants...).
– Les **critères sociodémographiques** : l'âge, le sexe, la nationalité, la situation de famille (célibataire, marié, avec ou sans enfants), le niveau d'études, la PCS (profession et catégorie sociale) ou CSP (catégorie socioprofessionnelle).
– Les **critères comportementaux** : l'historique des achats, la situation d'achat (occasionnelle, routinière, habituelle), les avantages recherchés (économie, sécurité, confort, esthétisme...), le taux d'utilisation (petit, moyen ou haut), la fidélité à la marque.

2. Les qualités d'un bon segment

Pour être retenu, le segment doit être :
– **identifiable et mesurable** : les informations doivent être quantifiables ;
– **accessible** : les individus doivent pouvoir être touchés par le plan marketing mis en place (ex. : le segment des personnes sympathiques n'est ni identifiable, ni accessible) ;
– **commercialement rentable** en nombre d'individus et de revenus pour permettre une exploitation rentable.

Exercice 1 *Identifier les motivations et les besoins*

Vous observez près de chez vous une évolution très nette de l'aménagement et de l'assortiment de la boutique d'autoroute de la station Esseco. Salutti, l'enseigne de proximité du groupe Esseco, est un espace de vente associé aux stations-service. Vous en discutez avec le gérant de la station (document ci-dessous).

Travail à faire

Identifiez les besoins et les motivations du client qui fréquente les espaces de vente Salutti.

CORRIGÉ p. 136

Document : ***Entretien avec le gérant de la station Esseco***

Le gérant de la station vous explique :

« La filiale d'Esseco qui gère l'espace boutique veut dynamiser sa politique commerciale et veut privilégier détente, rapidité d'achats et qualité des produits.

Ils ont remarqué que sur 74 millions d'arrêts aux stations Esseco, moins de 20 millions de clients prennent de l'essence, et pourtant 35 millions de tickets de caisse sont émis. C'est dire que les stations ne sont pas là que pour délivrer de l'essence. La première cause d'arrêt identifiée est tout simplement la pause pipi. Après c'est la détente, puis le snacking (autrement dit, le casse-croûte) et enfin seulement en quatrième position le carburant. Il ne faut pas oublier les parents qui voyagent avec leurs enfants, mais aussi ceux qui vont dans leur famille ou chez des amis et qui doivent acheter un petit cadeau.

Aujourd'hui, nous ne sommes plus des distributeurs d'essence, mais, comme ils disent, des "professionnels de la détente". C'est pour cette raison qu'ils s'appliquent à soigner et à diversifier l'offre. »

Conseils

– Utilisez le cours et les différentes classifications possibles (Joannis, Maslow, SONCAS).

– Le terme « identifiez » de l'énoncé vous invite à retrouver dans le texte les besoins et les motivations, mais aussi à justifier ou illustrer par un exemple votre réponse. Utilisez votre expérience de consommateur.

Exercice 2 *Identifier les critères de segmentation*

Travail à faire

1. Dans le document ci-dessous, identifiez les critères de segmentation retenus habituellement.

2. Identifiez les nouveaux critères utilisés par Orange et expliquez l'intérêt de cette nouvelle segmentation.

CORRIGÉ p. 136

Document : ***Communiqué de presse du groupe France Télécom***

La segmentation clientèle a toujours été traditionnellement fondée sur des critères tels que l'âge, l'occupation ou le sexe. Orange est conscient qu'une telle segmentation ne reflète pas nécessairement la façon dont un client utilise son téléphone et qu'il est bien plus pertinent de segmenter sa clientèle en fonction des besoins de ses clients et de leurs styles de vie. La croissance du marché proviendra ainsi non seulement de l'accent porté sur les clients à forte valeur ajoutée, mais également des efforts entrepris au niveau de nouveaux segments de clientèle, potentiellement générateurs de revenus supplémentaires.
Ainsi que l'explique Sol Truijillo : « Nous allons parler bien plus à nos clients, faire en sorte de connaître leurs besoins en matière de communication, quelles sont les applications qui les intéressent, comment ils veulent être facturés, ou encore comment ils veulent communiquer avec nous. Par exemple, certains voudront n'avoir qu'un seul point d'accès, sur leur ligne fixe, Internet ou leur mobile, tandis que d'autres voudront avoir à leur disposition des applications purement mobiles. Les systèmes existants seront optimisés, de nouveaux systèmes informatiques seront développés, de façon à se rapprocher davantage du client, et, *via* la collecte d'information le concernant, d'utiliser ces données rapidement et efficacement. Nous estimons chez Orange que cette nouvelle approche, fondée sur les besoins du client, se révélera tout aussi positive pour le client que pour le groupe lui-même : elle engendre en effet plus de confiance, stimule la fidélité des clients et, en retour, génère plus de chiffre d'affaires. »

http://www.francetelecom.com/fr/espaces/journalistes/communiques/CP_old/cp030624.html

Conseil

Lisez une première fois le texte dans son ensemble, puis une seconde fois en repérant, voire en surlignant, les idées en lien avec les questions.

4 La politique commerciale

1 La segmentation de l'offre et le ciblage

Une entreprise détermine le groupe de consommateurs qui constitue sa clientèle potentielle (ciblage). Ce groupe constitue sa **cible**. Il couvre un ou plusieurs segments de son marché. Une fois la cible définie, l'enseigne adapte sa politique commerciale et son offre de biens et de services.
Ces choix stratégiques dépendront des moyens financiers de l'entreprise, de l'image et du positionnement souhaité (spécialiste, par exemple) ou d'une volonté délibérée d'occuper strictement certains créneaux jugés porteurs. Elle peut ainsi choisir différentes stratégies commerciales : indifférenciée (la même offre pour à peu près tous les segments, ex. : eau potable d'un réseau) ; différenciée (une offre adaptée pour chaque segment, ex. : un hypermarché propose des produits alimentaires premiers prix, des articles d'épicerie fine et des produits bio) ; concentrée (une offre adaptée à un ou deux segments, ex. : une boutique de vente de jeux vidéo).

2 Le positionnement

1. Définition

Le positionnement est choisi par l'entreprise. Il doit définir la place qu'occupe la marque ou le point de vente dans l'esprit du consommateur pour que l'entreprise se distingue clairement de ses concurrents (on parle aussi de « différenciation ») et corresponde aux attentes de la cible visée.

2. La différence avec la notion d'image de marque

L'image de marque est la perception qu'ont les consommateurs des qualités d'un produit ou d'une marque. Elle s'étudie par rapport à la marque ou au point de vente lui-même, alors que le positionnement s'étudie par rapport aux concurrents. L'entreprise doit veiller à ce que l'image perçue par le client soit en adéquation avec le positionnement du point de vente.

3. Les composantes du positionnement

Le positionnement se définit en fonction de la cible et de la concurrence. Ensuite, il s'agit d'adapter un « plan de marchéage » en fonction du positionnement choisi, donc de la cible à atteindre. Ce plan doit préciser chacun des axes suivants (aussi appelés les « 4P » : en anglais *product*, *price*, *promotion*, *place*) : **produits (et services), prix, communication, distribution.**
Les 4P doivent être cohérents les uns par rapport aux autres. Par exemple, la distribution de produits haut de gamme nécessite un marchandisage soigné et des prix adaptés.

Les composantes du positionnement

Chaque axe du positionnement doit être défini précisément.

<table>
<tr><th colspan="2">Les critères de positionnement</th></tr>
<tr><td>Produits et services</td><td>L'assortiment : quelles familles de produits et, dans chaque famille, quels produits proposer ? Des produits leaders, des produits d'appel, des produits d'avenir, des produits saisonniers, des produits permanents ?

La qualité : quels modèles, quels styles, quelles options présenter ?

Les marques : doit-on proposer des marques de fabricants ? Si oui, lesquelles ? Doit-on proposer des marques de distributeurs ? Si oui, lesquelles ?

Les services annexes : quelles heures d'ouverture appliquer ? Quelles prestations ou quels services complémentaires (ex. : voyages, assurance...) fournir ? Faut-il prévoir la livraison ? Comment organiser le SAV ?</td></tr>
<tr><td>Prix</td><td>Le tarif de base : sur quelle base sera fixé le prix ? En fonction des coûts, de la demande, du comportement d'achat du consommateur, des marges ?

La stratégie : comment se situer par rapport à la concurrence ? Être plus cher et bénéficier d'une image de qualité (écrémage), être moins cher pour entrer dans le marché plus rapidement (pénétration) ou être au même niveau que les concurrents (alignement) ?

Les rabais, remises, ristournes : à qui seront-ils accordés et dans quelles conditions ?

Les modes de paiement : lesquels proposer ? Quels crédits accorder ?</td></tr>
<tr><td>Communication</td><td>La publicité : quels médias utiliser ? Doit-on favoriser le hors média ? Relations publiques, parrainage ?

La promotion : quelles techniques privilégier (prix, jeux, concours, produits, primes) ?</td></tr>
<tr><td>Distribution</td><td>Le marchandisage : quel style de marchandisage, quels facteurs d'ambiance (couleurs, décoration, mobilier, éclairage, sonorisation) doit-on privilégier ?

Quelle surface de vente ? Quel logo ?

Les méthodes de ventes : favorise-t-on la vente de contact, le libre-service (assisté ou non) ou la vente à distance ?

Le type de distribution : quel canal, quels lieux de distribution choisir ?

La forme de commerce : indépendant, associé, intégré ?</td></tr>
</table>

Exercice 1 *Définir l'image de marque et le positionnement*

Vous êtes employé(e) dans le magasin Parfuma de Montpellier. Cette enseigne propose des produits de beauté et des parfums. Aujourd'hui, elle veut recentrer son image de marque et se lancer dans une nouvelle campagne publicitaire. Vous assistez à un séminaire de formation (document ci-dessous).

Travail à faire

1. Caractérisez l'image de marque de l'enseigne.
2. Définissez son positionnement actuel.
3. Citez quelques-uns des moyens mis en œuvre.

CORRIGÉ p. 136

Document : ***Synthèse du séminaire***

Des séminaires d'une journée sont organisés.
La toute première réunion s'ouvre sur ce constat : une enquête a révélé l'image actuelle de l'enseigne, distante, trop technicienne. La campagne 2002 a dû en partie y contribuer avec un slogan trop philosophique : « La beauté est un choix ». Cette nouvelle campagne vise donc à rompre avec cette image et créer du trafic en magasin. Parfuma veut s'humaniser, se rapprocher de sa clientèle.
Les jours suivants permettent de définir les nouvelles orientations. Ils se déclinent en plusieurs axes :
– une nouvelle signature : « Partenaires de votre beauté » ;
– une mise en avant plus forte des grandes marques ;
– une utilisation du publireportage : il permet de se rapprocher de la clientèle ; « en lui parlant de personnes comme elle, le geste de beauté devient proche, familier », précise la directrice marketing de la chaîne ;
– une mise en scène boutique autour des événements festifs (Saint-Valentin, fête des Mères...) en écho aux campagnes ;
– cette nouvelle politique commerciale sera relayée par les vendeuses en boutique. Des formations sont dispensées en partenariat avec les marques commercialisées. Le discours doit désormais être plus pédagogique et moins technicien.

Conseil

Lisez bien les questions et identifiez clairement les mots clés afin d'éviter de répondre hors sujet.

Exercice 2 *Définir la politique commerciale*

Salutti, l'enseigne de proximité du groupe Esseco, espace de vente associé aux stations-service, dynamise sa politique commerciale. Elle se positionne désormais comme « professionnels de la pause détente ». Vous êtes curieux /-ieuse et observateur/-trice, et discutez avec le gérant (document ci-dessous).

Travail à faire

1. Définissez le positionnement de l'enseigne Salutti.
2. Citez les axes stratégiques de l'enseigne. Identifiez les 4P, en situant notamment les choix en matière d'assortiment, de services, de prix, de marchandisage (ou distribution) et de communication.

CORRIGÉ p. 137

Document : ***Synthèse de votre conversation avec le gérant***

Salutti veut concilier détente, rapidité d'achats et qualité des produits. D'où un nouvel espace de vente et une offre redéfinie.

Tout d'abord, le visiteur doit trouver ce qu'il est venu chercher, c'est-à-dire les toilettes. Mais ce simple visiteur doit bientôt se transformer en client. Il doit être « aspiré » vers l'espace boutique. Il découvre dès l'entrée un vaste dégagement qui s'ouvre vers la boutique sans limites à franchir. Puis des allées larges, une offre lisible notamment grâce à des meubles bas et une signalétique soignée. Cet aménagement favorise la fluidité de circulation, la rapidité et la lisibilité.

L'assortiment, lui aussi, évolue. Contrairement à son concurrent issu de la grande distribution *Croisée*, qui ne peut renier son positionnement prix, l'enseigne Salutti, elle, privilégie la qualité. Elle soigne tout d'abord l'offre de sandwiches, qui représente à elle seule 50 % du CA alimentaire. Le choix d'un positionnement sur la qualité lui a permis d'inverser la tendance et de gagner avec sa marque distributeur des parts de marché sur les marques nationales.

L'espace produits régionaux fait lui aussi l'objet d'une attention particulière. Non seulement il dégage une part de CA non négligeable, notamment auprès des touristes, mais en plus, il contribue à l'identification et à l'image de l'enseigne.

Il s'agit d'un commerce de proximité sur une ligne de circulation dense. La communication média, magazines et spots de télévision portent sur la marque Esseco, donc davantage sur la qualité globale du service que sur l'espace de vente Salutti.

Conseil

Répondez à la question 2 sous forme de tableau pour présenter les 4P.

5 La zone de chalandise et l'environnement de l'unité commerciale

1 Définition

La zone de chalandise est l'aire géographique d'influence d'un point de vente, autrement dit sa zone d'attraction. Elle englobe l'essentiel de sa clientèle actuelle et/ou potentielle, d'où est issu l'essentiel de son chiffre d'affaires.

2 L'utilité de la zone de chalandise

Connaître sa zone de chalandise est utile à plusieurs titres. Cela permet :
– de mieux cibler sa communication : en distribuant des prospectus dans les bonnes boîtes aux lettres et en disposant des panneaux publicitaires sur les bonnes voies de circulation ;
– d'assortir le point de vente d'articles correspondant à la demande réelle selon le profil du consommateur de la zone de chalandise ;
– d'évaluer sa concurrence : en repérant si les points de vente environnants sont ou non sur la zone d'influence ;
– de calculer un chiffre d'affaires prévisionnel : pour implanter un nouveau rayon, agrandir le magasin... ;
– de dimensionner la surface d'un futur magasin en fonction du potentiel commercial de la zone.

3 Le tracé de la zone de chalandise

1. Principe général

La zone de chalandise peut être tracée selon deux méthodes : le **temps d'accès** (courbe isochrone) ou la **distance d'accès** (courbe isométrique) au point de vente.

Le temps retenu dépend de la taille du point de vente, mais on s'accorde généralement pour définir :
– une **zone primaire** de chalandise, celle pour laquelle les clients potentiels ne mettent pas plus de trois minutes à pied ou en voiture pour venir à la boutique ;
– une **zone secondaire,** où le temps de parcours ne dépasse pas dix minutes ;
– parfois une **zone tertiaire,** où le temps d'accès est de dix à vingt minutes.

2. Les ajustements nécessaires

On trace sur un plan un cercle autour du local, représentant par exemple la distance de trois minutes à pied, puis on le déforme, en fonction des lieux (artères, pâtés de maisons, flux des passants, avenue difficile à traverser, etc.). Le résultat obtenu est un tracé unique pour chaque magasin, prenant en compte les contraintes, les obstacles ou les facilités d'accès observés sur le terrain.

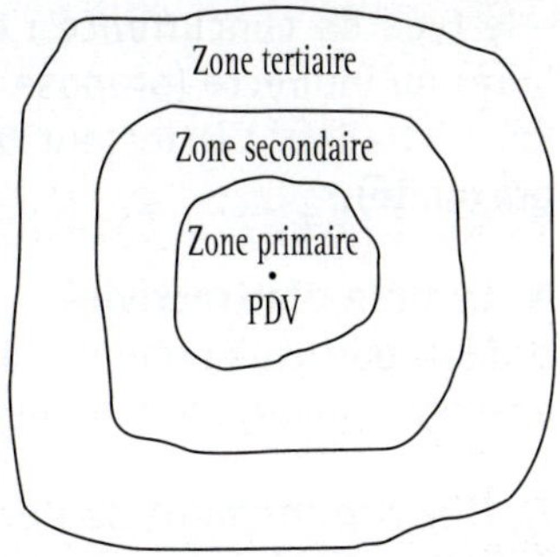

Il faut adapter ces notions à la situation particulière du point de vente (en centre-ville ou périurbain, proposant des articles de première nécessité ou spécialisés). Le bon sens, la connaissance des lieux et des modes de vie permettront de déterminer les durées à retenir pour tracer la zone de chalandise.

4 Les éléments clés d'une étude de zone de chalandise

L'étude de la zone de chalandise passe par l'analyse de ces différentes composantes.

1. La clientèle de l'unité commerciale

La clientèle actuelle ou potentielle doit être caractérisée d'un point de vue qualitatif et quantitatif.

Caractéristiques sociodémographiques	Nombre, profil type du client (âge, sexe, situation familiale, profession, revenus, lieu d'habitation, type d'habitat...).
Comportement d'achat	– Habitudes d'achat (type de produit, fréquence, période de l'année, lieu, occasion, budget). – Type d'achat (achat décidé, impulsif, réfléchi, occasionnel, habituel, automatique). – Circonstances d'achat (acheter seul ou accompagné d'un ami, d'un membre de la famille...).
Taux d'équipement ou de possession actuel	Pourcentage des clients ayant besoin du produit ou l'utilisant.
Coefficient budgétaire	Pourcentage des dépenses de consommation consacrées à la famille de produits dans le budget total.

2. La concurrence

Le commerçant doit identifier ses concurrents et les caractériser selon :
– leurs emplacements, CA, part de marché, produits, services associés, prix, techniques de vente, communication, réputation... ;

– le type de concurrence : concurrence directe (propose un produit similaire) ou indirecte (propose un produit ou un service substituable au sien. Ex. : baladeur CD/lecteur MP3, vente par correspondance/commerce de proximité).

3. Le pôle d'attractivité

Un lieu particulièrement animé (par exemple, un centre historique ou une enseigne phare) peut influer sur le dessin de la zone de chalandise.

4. L'environnement de l'entreprise

Il est constitué de tous les acteurs ou forces externes à l'entreprise susceptibles d'influer sur son activité. L'entreprise doit donc être particulièrement attentive aux évolutions de son environnement dans les domaines économiques, juridiques (réglementation, plan d'urbanisme) ou technologiques. Parmi les éléments de son environnement, on peut citer :

Les associations de consommateurs	La réglementation
Elles disposent de différents moyens pour défendre leurs intérêts : – la pression directe par la diffusion d'informations critiques, de tests ou d'essais comparatifs, par l'incitation au boycott ; – les actions de concertation ou de participation à l'élaboration de textes dans le cadre du Conseil national de la consommation ; – l'action juridique : accompagnement ou action en justice au nom de l'intérêt des consommateurs.	Une modification de la législation ou de la réglementation peut influer fortement sur une activité commerciale. Ex. : l'article L. 221-1 du Code de la consommation met à la charge des distributeurs une obligation générale de sécurité des produits mis en vente. Le commerçant ne peut donc se dégager de sa responsabilité sur son fournisseur en cas de préjudice subi par un consommateur.

5 La fonction de veille commerciale

Pour maintenir ses parts de marché et en conquérir d'autres, l'entreprise doit mettre en place une démarche de **veille commerciale**. Elle doit pouvoir identifier et, dans la mesure du possible, s'adapter :
– aux **menaces** (ex. : implantation d'un nouveau concurrent, communication intensive ou politique commerciale particulièrement agressive d'un concurrent) ;
– aux **opportunités** (ex. : implantation d'un nouveau lotissement, faillite d'un concurrent).
Cette fonction peut se faire sous différentes formes : observation de l'environnement local, lecture de la presse locale ou spécialisée, fréquentation des salons professionnels, relevé régulier des prix des concurrents...

Exercice 1 *Analyser une zone de chalandise*

Vous êtes en stage dans l'hypermarché Pribas de Béziers, au rayon Bazar. Vous vous intéressez à la zone de chalandise du magasin. Vous obtenez les informations (documents 1 ci-dessous et 2 page suivante) auprès de la chambre de commerce et d'industrie.

Travail à faire

1. Identifiez les éléments essentiels caractérisant votre zone de chalandise (taille, développement, clientèle, comportement d'achat).
2. Identifiez les opportunités et les menaces.
3. En quoi ces informations sont-elles utiles aux commerçants de la zone ?

CORRIGÉ p. 137

Document 1 : ***Synthèse d'un entretien avec l'un des responsables de la CCI***

Béziers a eu du mal jusqu'à présent à prendre son envol sur le plan commercial. La ville est coincée entre deux pôles dynamiques : Narbonne (30 km) et surtout Montpellier, pourtant située à près de 80 km, soit un peu moins d'une heure de route. Ces dernières années, Béziers manifeste des signes encourageants pour le commerce. Tout d'abord, la zone de chalandise s'étend. Elle compte aujourd'hui près de 200 000 personnes alors que l'agglomération n'en compte que 78 000, une proportion supérieure aux villes de même taille. Par ailleurs, la zone résiste mieux à l'attraction de Montpellier. Le taux d'évasion[1] actuel n'est plus que de 11 %. Pourtant, la zone garde deux points faibles : le secteur « culture et loisirs » et le prêt-à-porter.
Ce dynamisme se confirme aussi en centre-ville avec, entre autres, l'implantation de deux nouvelles supérettes. Une nouvelle ZAC a vu le jour près de l'entrée de l'autoroute A9. Elle a permis l'ouverture et le développement d'enseignes déjà bien implantées sur le plan local dans les secteurs du sport ou du bricolage ou même des enseignes très attractives d'équipement de la maison à prix discount et de jardinage. L'arrivée prochaine de l'autoroute gratuite du centre (A75), la création d'une ligne et d'une gare TGV devraient encore consolider cette dynamique.
La forte croissance démographique du secteur (notamment grâce à un flux migratoire largement positif), la fidélisation de la clientèle de Béziers, le flux croissant des touristes ou l'implantation de nouvelles entreprises dans la zone sont des signes indéniables encourageant à l'optimisme.
Reste néanmoins à savoir quel sera le pouvoir d'attraction du grand projet de l'Odysseum de Montpellier, un projet ambitieux de zone commerciale et ludique.

1. Proportion d'achats effectués hors de la zone de chalandise.

Document 2 : ***Données sur la consommation des ménages de la zone***

Potentiel commercial : 476 millions d'euros	
Alimentaire : 246 M€	Non-alimentaire : 230 M€

Population		Consommation des ménages	
Agglomération : 78 186 habitants		Alimentaire : 4 588 € par an et par ménage	
Zone d'influence : 125 200 habitants		Non-alimentaire[1] : 4 291 € par an et par ménage	
Spécificités de la zone d'influence		**Spécificités de la zone d'influence**	
Population de 75 ans et plus	138	Bricolage	90
Ménages de 5 personnes et plus	76	Électroménager	95
Chômeurs	171	Jardinage	103
Ouvriers	68	Sports	78
Logements de 3 et 4 pièces	117	Textile	90
Résidences principales	85	Parfumerie, soin du corps	87
		Culture, loisirs	83
		Jouets	96
		Meubles	91
		Audiovisuel	98

Sources : ASTEROP, données consommation.

1. Hors automobile.

Remarque : les chiffres en colonnes se réfèrent à une base 100 qui correspond à la moyenne des aires urbaines françaises. Ainsi, l'indice 171 des chômeurs indique qu'il y a dans la zone 71 % de chômeurs en plus que dans la moyenne des zones urbaines françaises.

Conseils

Pour la question 1, réalisez une synthèse à partir des deux documents (texte et tableau). Structurez la réponse. La question propose implicitement un plan : taille, développement, clientèle, comportement d'achat. Il suffit ensuite de reprendre les informations des documents pour remplir les différentes parties. La présentation sous forme de tirets peut convenir, mais la liste doit être introduite par une phrase (ex. : « La zone présente les caractéristiques suivantes : ... »).

Exercice 2 ***Identifier le rôle des associations de consommateurs***

Travail à faire

À partir des documents 1 et 2 ci-dessous, identifiez les deux missions principales des associations de consommateurs.

CORRIGÉ p. 139

Document 1

Désodorisants d'intérieur : à proscrire de toute urgence !

Les résultats de tests effectués par l'UFC-Que choisir sur 35 désodorisants d'intérieur sont véritablement alarmants.

Un grand nombre de produits testés parmi les plus connus sur le marché chargent l'air ambiant de substances chimiques dangereuses à des niveaux incroyablement élevés.

Les substances incriminées sont en effet soit classées « cancérogène certain » [...], ou « cancérogène possible » [...], allergènes [...], ou perturbateurs endocriniens [...]. Quant à la concentration de ces substances dans l'air intérieur, elle dépasse souvent tous les seuils recommandés par les organismes de santé publique nationaux ou internationaux [...].

L'UFC-Que choisir déconseille formellement aux consommateurs l'usage de ces produits et appelle à la vigilance. L'association en appelle à la responsabilité des fabricants et des revendeurs : il leur appartient de ne pas proposer à la vente des produits dont ils ne peuvent plus ignorer les dangers. Enfin, l'association demande au ministre de la Santé de se saisir d'urgence de ce dossier au regard de l'enjeu de santé publique.

UFC-Que choisir, communiqué de presse, 22 novembre 2004.

Document 2 : ***Les missions de l'association UFC-Que choisir***

Près de 80 000 dossiers de litiges sont ouverts chaque année, pour être traités dans les 300 points de permanence, répartis sur tout le territoire national.

L'UFC-Que choisir prône et applique un traitement en droit :

– grâce à l'expérience de ses militants locaux [...] ;

– grâce à ses actions auprès des juridictions, des professionnels, des pouvoirs publics.

L'UFC-Que choisir intervient aussi de façon préventive :

– 40 000 heures de permanence locale sont exclusivement réservées à l'information et à la documentation des consommateurs ;

– 100 bulletins d'information sont édités, chaque trimestre, par les associations locales.

En cas d'échec dans le traitement individuel des dossiers, de nombreuses associations locales conseillent les consommateurs dans leurs démarches de saisine du tribunal compétent : 100 associations disposent de l'agrément pour ester en justice.

En cas de problèmes répétitifs, d'infractions pénales caractérisées, ces associations peuvent agir dans l'intérêt collectif des consommateurs. Elles interviennent aussi pour faire cesser des pratiques, supprimer des clauses abusives dans les contrats.

http://www.quechoisir.org/litiges.jsp;jsessionid=3I3FY1TSM0MRBMAAEPXSGHY, novembre 2004.

6 La distribution

1 Les fonctions de la distribution

La distribution couvre l'ensemble des opérations nécessaires (transport, stockage, reconditionnement, groupage et dégroupage des marchandises) pour acheminer un produit depuis son lieu de production jusqu'à son lieu de consommation finale.

1. La fonction de détail

Elle est assumée par les détaillants dont le rôle consiste à vendre les marchandises aux consommateurs finaux (les particuliers).

2. La fonction de gros

Elle est principalement assurée par les grossistes dont le rôle consiste à revendre les marchandises à des utilisateurs professionnels ou à d'autres commerçants.

2 Les canaux de distribution

Un canal de distribution comprend l'ensemble des intermédiaires qui interviennent au cours de la distribution du produit. Il existe quatre catégories de canaux.

1. Le canal direct

Il n'y a pas d'intermédiaire entre le producteur et le consommateur.

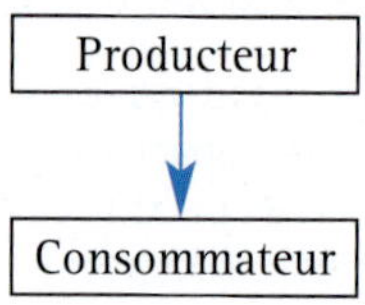

2. Le canal court

Il existe un seul intermédiaire entre le producteur et le consommateur.

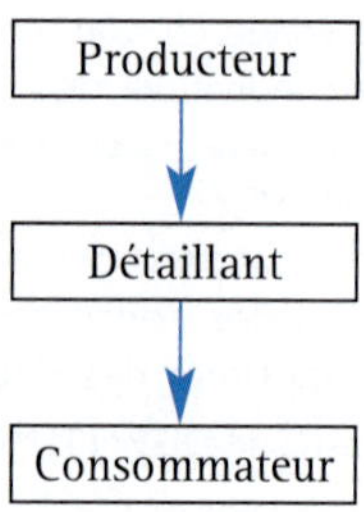

3. Le canal long
Il existe plus d'un intermédiaire entre le producteur et le consommateur.

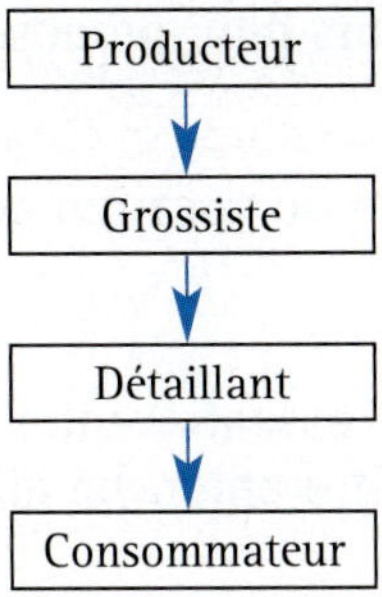

4. Le canal intégré
Les fonctions de gros et de détail sont intégrées dans une même entreprise.

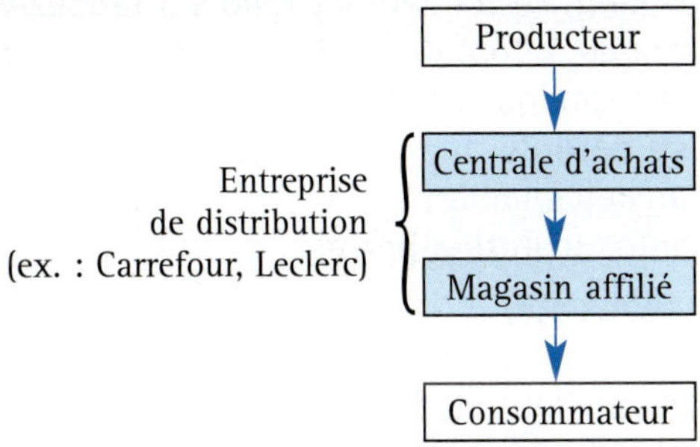

3 Les stratégies de distribution

Pour acheminer ses produits jusqu'au consommateur final, un fabricant peut choisir entre trois stratégies de distribution.

1. La distribution intensive
Le producteur revend ses produits dans le maximum de points de vente (ex. : Coca-Cola).

2. La distribution sélective
Le producteur sélectionne certains points de vente selon des critères de qualité et d'image de marque (ex. : Chanel, Louis Vuitton).

3. La distribution exclusive
Le producteur commercialise ses produits auprès de distributeurs exclusifs qui ne revendent pas de produits concurrents (ex. : Renault, Yamaha).

4 Les méthodes de vente

Les méthodes de vente sont l'ensemble des techniques utilisées par les distributeurs et les producteurs pour proposer leurs produits aux clients.

1. La vente de contact

Elle met en contact physique ou vocal un acheteur et un vendeur. Il en existe plusieurs formes.

a) **La vente traditionnelle**

Le vendeur est l'intermédiaire essentiel entre le produit et le client. Il s'ensuit que le produit ne peut être approché directement par le client. Cela prend les formes suivantes :
– la vente traditionnelle en magasin ;
– la vente sur stand (foires, salons...).

b) **La vente à domicile**

Elle se déroule au domicile du client. Le vendeur s'y rend sur rendez-vous, après un premier contact (téléphone, retour de publipostage...) ou en prospection pure. On distingue deux techniques principales :
– la vente par réunion (elle se déroule auprès de plusieurs personnes réunies en même temps dans un lieu familier) ;
– le démarchage à domicile (vente en porte-à-porte).

c) **La vente par téléphone (ou télévente)**

Il s'agit d'une vente de contact, car, même si le contact n'est pas physique, il y a tout de même une relation par l'intermédiaire de la voix du vendeur et de l'acheteur.

2. La vente impersonnelle

Il s'agit des cas où la vente est réalisée sans l'intervention d'un vendeur.

a) **La vente visuelle**

Le client se rend sur le lieu de vente, choisit et se sert seul. Cette méthode de vente comprend les techniques suivantes :

• **Le libre-service**

Le consommateur choisit librement ses produits et paie aux caisses situées à la sortie du point de vente.

• **Le libre-service assisté**

Les produits sont en libre-service, mais le consommateur peut demander des informations et des conseils au personnel de vente présent dans le point de vente.

• **La vente par distributeur automatique**

Ici, le client choisit seul des produits présentés dans une machine. La marchandise est délivrée après le paiement en espèces ou par carte bancaire.

b) **La vente à distance**

Elle repose sur l'absence de déplacement du client, qui choisit et commande les produits depuis son domicile, par courrier, téléphone mobile ou fixe, fax, Internet ou Minitel. On y trouve les techniques suivantes :

• **La vente par correspondance (VPC)**

Le client effectue ses achats à partir d'un catalogue dans lequel sont présentés les produits et passe commande par courrier, téléphone ou Internet.

• **Le commerce électronique**

Le client connecté à Internet fait ses achats sur les sites du monde entier. Les produits sont présentés sur photos, ou dans des conditions proches de la réalité ; on parle alors de magasin virtuel. Le paiement peut s'effectuer en ligne.

• **Le téléachat**

Le client choisit des produits présentés à la télévision lors d'une émission spéciale. Il passe ensuite commande par téléphone ou Internet. Des chaînes de télévision de téléachat existent dans certains pays étrangers.

5 Le personnel de l'unité commerciale

Le rôle du personnel de l'unité commerciale varie selon la taille du point de vente (petite boutique, supermarché...) et les méthodes de vente utilisées.

– Le (ou la) **responsable de boutique** dirige un point de vente de petite dimension, souvent spécialisé, avec un personnel de vente en nombre limité.

– Le (ou la) **chef de rayon** encadre et anime une petite équipe de vente dans une unité commerciale de la grande distribution. Il/Elle veille au fonctionnement harmonieux du rayon et du personnel qui y travaille.

– L'**employé(e) libre-service** met les produits en rayon, effectue le réassort et range les réserves.

– Le (ou la) **vendeur/-euse**, polyvalent(e) ou spécialisé(e), est en contact direct avec le client qu'il/elle doit conseiller, assister et convaincre.

– L'**hôte(sse) de caisse** a pour fonction principale de procéder à l'encaissement, mais aussi de participer à l'accueil du client.

– Le (ou la) **marchandiseur/-euse** a pour rôle d'optimiser l'exposition des produits rangés dans les linéaires pour le compte d'un fournisseur.

– L'**étalagiste** réalise les vitrines et les étalages. Il/Elle travaille pour son propre compte ou pour un prestataire de services.

– L'**animateur/-trice** des ventes a pour rôle de promouvoir ponctuellement les ventes d'un ou plusieurs produits.

Exercice 1 *Définir une stratégie de distribution*

Travail à faire

1. À partir du document ci-dessous, identifiez la stratégie de distribution habituelle de la société Montbleu et indiquez si elle est adaptée à la nouvelle gamme de stylos. Justifiez votre réponse.
2. Conseillez une stratégie de distribution pour la nouvelle gamme de stylos.
3. Donnez des exemples de distributeurs susceptibles de correspondre à cette nouvelle stratégie.

CORRIGÉ p. 139

Document : ***Les stylos Gécri***

La société Montbleu fabrique et commercialise depuis soixante ans des stylos à bille, des feutres et des stylos à encre haut de gamme auprès d'un réseau de revendeurs composé de grands magasins, de papeteries et de maroquineries de luxe.
À partir de la rentrée prochaine, cette société va introduire sur le marché une nouvelle gamme de produits sous la marque Gécri. Les produits de cette gamme doivent répondre à des besoins courants pour une clientèle grand public (quiconque a besoin d'écrire). Les prix de vente des stylos Gécri sont peu élevés, et une campagne publicitaire dans les grands médias (TV, affiches 4×3 m) accompagnera le lancement de cette gamme.

Conseil

Servez-vous de votre propre expérience pour répondre à la question 3.

Exercice 2 *Adopter une nouvelle méthode de vente*

Travail à faire

Répondez aux questions suivantes à l'aide du document ci-contre.
1. Quelle est la méthode de vente utilisée ?
2. Quels sont les avantages pour l'enseigne et pour le consommateur ?
3. Quels sont les problèmes liés à l'implantation de cette supérette automatisée ?

CORRIGÉ p. 139

Document : ***La première supérette automatisée***

Une innovation commerciale qui va faire du bruit : une enseigne de la grande distribution française a décidé d'ouvrir un magasin entièrement automatisé. De quoi s'agit-il ? Au vu de la dimension du point de vente, on penserait à une petite supérette automatisée ou à un distributeur automatique géant.

Le fonctionnement entièrement automatique de la supérette lui permet d'assurer des horaires d'ouverture en continu, 24 heures sur 24, sans la présence permanente de personnel. Ce concept, qui existe déjà à l'étranger, devrait progressivement s'étendre à d'autres régions de France, de préférence dans le centre des grandes villes. L'objectif est de compléter l'offre des supérettes traditionnelles et non de se substituer à elles. Cette première ouverture sert en réalité de test, car l'enseigne ne connaît pas encore la réaction des consommateurs.

L'assortiment présente un ensemble de 180 articles variés comme des produits frais, des boissons fraîches, des articles de première nécessité en épicerie (café, pâtes…) comme en bazar (savons, déodorants…). Les prix se situent dans la moyenne du marché, entre 2 et 10 €, et on y trouve aussi bien des marques nationales que des marques de distributeur.

Automatique ne signifie pas pour autant absence de personnel, il faut bien qu'un employé effectue le réassort (deux fois par jour), récupère les paiements effectués en espèces et assure la maintenance de la machine. À propos de paiement, le distributeur géant accepte aussi les cartes bancaires ainsi que la carte de paiement de l'enseigne.

Enfin, il faut choisir soigneusement l'emplacement de la supérette. Destinée à satisfaire des achats de proximité et de dépannage, elle doit aussi rester proche d'une clientèle prête à modifier ses habitudes d'achat. Le centre des grandes villes rassemble tous les avantages pour accueillir ces nouvelles unités commerciales. La faible surface de vente (environ 25 m^2) conjuguée au prix du m^2 dans les grandes villes ne devrait pas être un obstacle trop important au développement de ces supérettes d'un nouveau genre.

Conseil

La question 1 nécessite de relire la partie théorique.

7 Les formes de commerce

1 Le commerce indépendant isolé

Cette forme de commerce désigne des points de vente de détail ou de gros qui présentent les caractéristiques suivantes :
– les achats sont effectués en toute autonomie (le commerçant choisit lui-même ses fournisseurs) ;
– les points de vente n'adhèrent pas à des groupements de commerçants.
Habituellement, on distingue le commerce indépendant sédentaire (les points de vente sont fixes) et le commerce indépendant non sédentaire (les points de vente sont mobiles ; c'est le cas par exemple des stands sur les marchés).
Le commerce indépendant isolé a longtemps dominé parmi l'ensemble des formes de commerce, mais aujourd'hui, la tendance est au regroupement. En effet, une taille plus importante permet d'accéder à de meilleures conditions tarifaires auprès des fournisseurs et de mettre en commun certaines ressources.

2 Le commerce indépendant associé

Cette forme de commerce caractérise les commerçants indépendants qui se regroupent au sein d'organisations afin de bénéficier des avantages offerts par une taille plus importante :
– les achats sont effectués en commun, ce qui permet d'obtenir des remises plus importantes ;
– ils ont une enseigne commune, ce qui permet de développer un réseau plus étendu et une meilleure reconnaissance de la part du consommateur ;
– les dépenses publicitaires sont regroupées, ce qui favorise une communication plus cohérente et des coûts moins élevés ;
– les outils (logiciels de passation des commandes, de gestion des stocks...) et les méthodes de gestion (approvisionnements en flux tendus, échange de données informatisées...) sont identiques, ce qui accroît l'efficacité et réduit les délais.
Il existe plusieurs formes de commerce associé.

1. Le groupement d'achats

Les détaillants se regroupent en vue de référencer un assortiment et de sélectionner les fournisseurs et les produits.
Le commerçant est tenu de s'approvisionner entièrement ou en partie auprès du groupement, mais il conserve une certaine liberté car il peut aussi s'approvisionner ailleurs.
Exemples : Intersport La Hutte, Gitem.

2. La chaîne volontaire

À mi-chemin entre le groupement d'achats et la franchise, la chaîne volontaire regroupe des détaillants et des grossistes en vue de développer en commun une enseigne et de rationaliser les approvisionnements, les achats et la gestion. Souvent à l'initiative des grossistes, les chaînes volontaires laissent peu de marge de manœuvre au détaillant, qui a la quasi-obligation de s'approvisionner exclusivement auprès de la chaîne volontaire.
Exemples : Catena, Spar.

3. La franchise

a) Le contrat de franchise

Il s'agit d'un contrat conclu entre un franchiseur, qui s'engage à autoriser l'utilisation de sa marque, de ses services et de son savoir-faire, et des franchisés qui s'engagent en contrepartie à lui verser une redevance sur le chiffre d'affaires et un droit d'entrée pour faire partie de la franchise. Le franchiseur apporte aussi une assistance commerciale et financière ainsi qu'une aide à la gestion et à la formation.
Exemples : Yves Rocher, Phildar, Éram.

b) Avantages et inconvénients

	Pour le franchiseur	Pour le franchisé
Avantages	– Il peut développer rapidement un réseau de distribution étendu. – Il a un meilleur contrôle de la distribution de ses produits. – L'investissement nécessaire à la création de boutiques est limité.	– Il bénéficie du savoir-faire ou de la marque du franchiseur. – Il reste indépendant sur le plan juridique. – Il bénéficie d'une assistance du franchiseur.
Inconvénients	– Les aides à apporter au franchisé (formation, gestion…). – La nécessité d'animer le réseau. – Il doit régulièrement vérifier que la politique commerciale est correctement appliquée par le franchisé.	– Il doit verser la redevance. – Il doit respecter la politique commerciale qui est imposée par le franchiseur. – Il doit s'approvisionner auprès du franchiseur.

c) La loi Doubin

Depuis 1991, la loi Doubin réglemente les obligations du franchiseur envers ses franchisés, notamment celle de fournir certaines informations sur l'historique de l'entreprise (le franchiseur), l'état général et local du marché ainsi qu'une présentation du réseau des franchisés actuels.

3 Le commerce intégré

1. Les caractéristiques du commerce intégré

Cette forme de commerce se caractérise par l'intégration de la fonction de gros et de la fonction de détail dans une seule entreprise.

La fonction de détail est exercée par l'ensemble des points de vente de l'entreprise, qui sont chargés de vendre aux consommateurs finals.

La fonction de gros est exercée par la centrale d'achat et l'ensemble des plates-formes et entrepôts, qui sont chargés d'approvisionner les points de vente de l'entreprise.

Voici les structures qui participent à la fonction de gros :

– la centrale d'achat : son rôle est de sélectionner les produits, de collecter les commandes puis d'acheter les marchandises auprès des fournisseurs ;

– la centrale de référencement : elle s'occupe de sélectionner les produits, puis les points de vente les achètent auprès des fournisseurs ;

– la plate-forme : les marchandises en provenance des fournisseurs sont groupées temporairement (quelques heures) en attendant d'être livrées aux points de vente ;

– l'entrepôt : les marchandises sont stockées pendant plusieurs jours (ou semaines) et sont ensuite prélevées peu à peu en fonction des besoins des magasins.

2. La typologie du commerce intégré

Le commerce intégré représente un ensemble très varié que l'on peut distinguer selon la nature de l'activité dominante du point de vente.

Il comprend :

Les points de vente à dominante alimentaire	Les points de vente à dominante non alimentaire
– Les hypermarchés – surface de vente supérieure à 2 500 m^2 (ex. : Carrefour, Auchan).	– Les grands magasins (ex. : Le Printemps, Les Nouvelles Galeries).
– Les supermarchés – surface de vente comprise entre 400 et 2 500 m^2 (ex. : Champion, Atac).	– Les magasins populaires (ex. : Monoprix, Inno).
– Les supérettes – surface de vente inférieure à 400 m^2 (ex. : Huit à huit, Petit Casino).	– Les grandes surfaces spécialisées (ex. : Go Sport, Fnac, Darty).
– Les maxidiscomptes (hard-discounters) (ex. : Leader Price, Lidl).	– Les entreprises de VPC (vente par correspondance) (ex. : La Redoute, la Camif).

Exercice ***Devenir franchisé***

Travail à faire

À l'aide du document ci-dessous, répondez aux questions suivantes.

1. Quelles sont les motivations des candidats à la franchise ?
2. Quels sont les principaux obstacles qu'ils peuvent rencontrer ?
3. Quelles sont les obligations du franchisé envers son franchiseur ?

CORRIGÉ p. 140

Document : *Comment devient-on franchisé ?*

La franchise peut revêtir deux formes : la création d'un nouveau point de vente ou la reprise d'un point de vente existant. Mais comment devient-on franchisé ?

En véritable entrepreneur, le franchisé reste le maître de son propre magasin, même s'il doit s'acquitter d'un certain nombre de contraintes envers son franchiseur. Pour beaucoup de personnes, se lancer dans la franchise constitue une authentique opportunité de carrière. Évidemment, la motivation principale du futur franchisé réside dans la perspective de devenir son propre patron, mais elle peut aussi être de travailler dans un secteur d'activité intéressant ou dans la possibilité d'accéder à des revenus plus importants. Pour qui veut se lancer, la démarche est toujours la même. Un contact est d'abord établi entre le candidat à la franchise et son futur franchiseur. Si les deux parties se mettent d'accord et si les conditions requises sont remplies de part et d'autre, cette rencontre aboutira à la signature du contrat de franchise. Cependant, le franchisé devra souvent payer un droit d'entrée, qui représente la somme d'argent à verser au franchiseur pour faire partie de son réseau. Puis, il devra verser périodiquement un certain pourcentage de son CA à son franchiseur, sans compter l'obligation de s'approvisionner exclusivement auprès de lui. Mais la difficulté la plus importante pour le candidat à la franchise réside dans sa capacité à réunir l'apport personnel nécessaire au démarrage de l'activité.

Malgré toutes ces difficultés, un certain nombre de candidats ne se découragent pas et finissent par réaliser leur rêve d'indépendance en devenant franchisés. Ils bénéficient alors de l'image de marque, de l'expérience et des conseils du franchiseur.

Conseils

- Surlignez les informations importantes et les mots clés.
- Répondez en construisant vos propres phrases.

8 La coopération commerciale

1 Les relations entre producteurs et distributeurs

Dans l'univers de la grande distribution, les producteurs et les distributeurs utilisent des pratiques commerciales spécifiques. Ainsi, pour obtenir l'autorisation de vendre leurs produits aux magasins appartenant à une enseigne, les producteurs doivent, avant toute négociation, verser à cette enseigne une importante somme d'argent, que l'on appelle le budget de référencement.

Du référencement des produits à leur mise en rayon

Pour vendre leurs produits en grande distribution, les fournisseurs doivent franchir avec succès un certain nombre d'obstacles, depuis le référencement des produits en centrale d'achats jusqu'à leur présentation dans le rayon.

Étape 1 : un acheteur de la centrale d'achat reçoit le directeur commercial du fournisseur. Ensemble, ils négocient le montant du budget de référencement.

Étape 2 : en raison des importantes quantités que pourrait commander la centrale d'achat, le fournisseur ne peut se permettre de laisser passer une telle opportunité. Le rapport de force lui est défavorable, il accepte donc souvent les conditions imposées par la centrale sous peine d'être radié de la liste des fournisseurs (on parle alors de déréférencement).

Étape 3 : lorsqu'un accord est conclu entre la centrale d'achats et le fournisseur, les premières commandes sont passées et les premières livraisons viennent approvisionner les entrepôts et les plates-formes régionales du groupe de distribution.

Étape 4 : à ce stade, les produits ne sont pas encore dans les linéaires. Pour voir ses produits garnir les rayons du magasin, le fournisseur doit encore verser un budget de référencement. Cette fois, c'est le point de vente qui exige un droit d'entrée. Si le fournisseur accepte de verser cette nouvelle somme au magasin, le chef de rayon commandera les produits auprès de sa plate-forme régionale.

Étape 5 : les produits sont enfin dans les rayons du magasin. Mais pour être vus par les clients, il faut qu'ils bénéficient de la meilleure exposition possible. Les délégués commerciaux du producteur doivent alors visiter les points de vente de leur secteur d'activité afin de négocier avec le magasin le meilleur emplacement possible pour exposer les produits (têtes de gondole, avancées de caisse...).

2 Les pratiques de coopération commerciale

Une fois le référencement obtenu, les efforts du fournisseur sont loin d'être terminés. Afin de maintenir ses produits dans les magasins et d'occuper un espace « vendeur » dans les linéaires, il doit faire preuve de coopération commerciale avec le distributeur.

La coopération commerciale se définit comme un contrat de prestation de service dont le contenu et la rémunération sont définis d'un commun accord entre un fournisseur et un distributeur. Le contenu de ce contrat porte sur la fourniture, par un distributeur à son fournisseur, de services spécifiques dont voici quelques exemples :

Services	Principes
Référencement	Autorisation qui donne le droit à un fournisseur de vendre ses produits aux points de vente affiliés à une centrale d'achats.
Têtes de gondole	Un produit placé en bout de rayon a beaucoup plus de chance d'être acheté. Le prix est très élevé pour occuper cet emplacement recherché.
Anniversaires, ouverture	Les fournisseurs sont invités à participer à ces événements en versant un budget spécifique.
Catalogues, prospectus	Si un fournisseur désire que ses produits figurent sur ces supports, il doit contribuer financièrement à sa réalisation.
Avancées de caisse	Le consommateur passe et s'arrête systématiquement devant, aussi le fournisseur verse des sommes importantes au magasin pour y être présent.
Affichettes (stop-rayon)	Il s'agit de panneaux situés dans les rayons destinés à signaler la présence d'un produit. Ici encore, le fournisseur doit verser une certaine somme s'il veut bénéficier de cet avantage.

Exercice 1 *Négocier une tête de gondole*

Le fabricant de moutarde Omaro envisage de monter une tête de gondole (TG) d'une durée d'une semaine dans le supermarché Pribas. Après s'être rencontrés, le chef du rayon Épicerie et le représentant d'Omaro ont négocié les conditions commerciales présentées dans le document ci-dessous.

Travail à faire

1. Calculez le prix d'achat unitaire du pot de moutarde et celui de la palette entière commandée par Pribas.
2. Quel sera le prix de vente TTC du pot de moutarde en tête de gondole ?
3. À quel montant s'élève la coopération commerciale ?
4. Quel est le seuil de revente à perte ?

Le chef de rayon Épicerie n'est pas satisfait du volume des ventes réalisé au cours des trois premiers jours de la TG. Craignant de se retrouver avec de nombreux invendus, il décide de baisser le prix de vente à son minimum, en déduisant du prix d'achat de la palette le montant payé par Omaro pour la TG (500 €).

5. Quel sera le nouveau prix de vente TTC ?

CORRIGÉ p. 140

Document : ***Conditions de négociation de la TG***

– Réduction de 10 % sur le prix d'achat habituel pour une palette commandée par le supermarché.

– Le supermarché s'engage à répercuter la réduction de 10 % sur le prix de vente consommateur pendant la durée de la TG.

– Le supermarché facture la TG pour un montant de 500 € HT.

– Habituellement, le supermarché achète les pots de moutarde Omaro au prix de 1 € l'unité.

– Habituellement, le pot de moutarde est revendu 1,30 € TTC au consommateur. La TVA est de 5,50 %.

– Une palette contient 2 480 pots de moutarde.

Conseil

Faites apparaître les détails de vos calculs.

Exercice 2 *Identifier les pratiques de la coopération commerciale*

Travail à faire

1. Repérez les pratiques de la coopération commerciale décrites dans le document ci-dessous.

2. Quel est l'objectif principal de la coopération commerciale dont il est question dans ce document ?

3. Quel est l'intérêt pour la coopération commerciale du recours à certaines innovations techniques ?

CORRIGÉ p. 140

Document : ***Les pratiques de la coopération commerciale***

Le consommateur en est rarement conscient, mais son cheminement dans un supermarché n'est jamais le fait du hasard. Dans un magasin, tout est étudié pour le guider sans qu'il s'en rende compte vers certains emplacements bien précis. Bien évidemment, ces emplacements sont recherchés en priorité par les fabricants qui espèrent y exposer leurs produits. Ainsi, dès son entrée dans le point de vente, le client est soumis à toutes les sollicitations. Sur les chariots, suspendus dans les airs, dans les rayons et les allées, devant les caisses, de nombreux produits et promotions sont mis en avant. D'après les études réalisées, 50 % des décisions d'achat se font dans le point de vente, 28 % sont des achats d'« impulsion produit » (le consommateur décide d'acheter un article non prévu en entrant dans le magasin) et 22 % représentent des achats d'« impulsion marque » (le client change de marque au dernier moment). Les fournisseurs et les distributeurs sont ainsi amenés à coopérer afin d'exploiter au maximum les ventes supplémentaires qui découlent de ces achats d'impulsion. En voici quelques exemples pris parmi la panoplie habituellement utilisée : un fabricant de biscuits a investi une partie de son budget en affichage chariot, le couplage des TG aux écrans vidéo qui accroît encore davantage la lisibilité du produit, les bornes interactives qui délivrent au client une grande masse d'informations et les incitent à s'intéresser davantage au produit, les stops-rayons olfactifs qui offrent la possibilité de sentir les parfums d'une gamme de lessive, les meubles dédiés spécifiquement aux devants de caisse…

Conseils

– Surlignez les idées principales au fur et à mesure de la lecture du texte.
– Relisez bien la partie théorique avant de répondre.

9 Le produit

1 Les classifications des produits

La nature des produits est très variée. Elle peut prendre une forme matérielle, comme les articles vendus dans les magasins, ou immatérielle, comme la représentation d'un spectacle au théâtre ou un film au cinéma. Elle peut durer le temps d'un repas, comme un produit alimentaire, ou durer toute une vie, comme une maison. Elle peut aussi varier selon la fréquence d'achat ou le type de client concerné. Les classifications servent à mieux comprendre cette diversité.

Classifications	Types de produits	Explications
Selon la durée de vie	Les produits durables, semi-durables et non durables.	La durée de vie du produit varie selon son utilisation, prolongée ou instantanée.
Selon la fréquence d'achat	Les achats de produits banals ou anomaux.	Les premiers font l'objet d'achats courants et répétitifs, les seconds d'achats exceptionnels, donc réfléchis.
Selon la tangibilité	Le bien, le service, les offres mixtes (produit + service).	Le bien est totalement matériel et le service totalement immatériel. Les offres mixtes réunissent les deux (ex. : téléphone mobile).
Selon le type de clientèle	Les produits de grande consommation (PGC), les biens d'équipement et les produits industriels.	Les particuliers consomment essentiellement des PGC ou des biens d'équipement, les entreprises des produits industriels.

Parmi les classifications, on trouve les nomenclatures, qui sont des listes exhaustives de produits classés selon un ordre logique. Par exemple, l'Institut français du libre-service (IFLS) propose une nomenclature (méthode de classement) utilisée par les magasins pour ranger leurs produits.

La nomenclature IFLS		
2 catégories	Alimentaire	Marchandises générales
6 groupes	- Épicerie - Boissons - Produits frais	- Équipement de la maison - Bien-être de la personne - Habillement de la personne
99 familles de produits	Elles sont détaillées en sous-familles par le point de vente en fonction de son propre assortiment.	

2 Les caractéristiques des produits

1. Les types de caractéristiques

Tous les produits présentent un ensemble de caractéristiques techniques, commerciales et psychologiques.

Caractéristiques techniques	Il s'agit des éléments matériels du produit, comme sa composition, son poids, ses dimensions, sa puissance…
Caractéristiques commerciales	Elles sont liées au prix du produit, à la diversité de son offre (coloris, tailles…), à ses délais de livraison, à sa garantie…
Caractéristiques psychologiques	Pour les clients, les produits représentent aussi des images ou des symboles. L'image de marque et la notoriété font partie de ces caractéristiques.

2. La fiche produit

Les caractéristiques de chaque produit sont ensuite regroupées et classées dans une fiche qui sert à former les vendeurs et à informer les clients.

Exemple

ASPIRATEUR SANS SAC MYSON TK 08	
Caractéristiques techniques	
- Puissance	- 1 200 W
- Niveau de bruit	- 75 dB
- Débit d'air	- 28 dm^3/s
- Dépression	- 28 kPa
- Dimensions	- l 29 × h 35 × L 48,5 cm
- Poids	- 5,1 kg
- Filtre	- Filtre HEPA avec écran bactéricide
- Cordon	- 7,50 m, à enroulage automatique
- Stockage des poussières	- Système sans sac
- Accessoires fournis	- Suceur long, suceur plat, brosse à meubles
Caractéristiques commerciales	
- Marque	- Myson
- Prix	- 279 €
- Garantie	- 2 ans pièces et main-d'œuvre
- Points de vente	- GMS et GSS
Caractéristiques psychologiques	
- Image de marque	- Haut de gamme
- Notoriété	- Marque à l'origine de l'aspirateur sans sac

3 Le cycle de vie du produit

De nombreuses observations ont permis de constater que certains produits évoluaient dans le temps en suivant un rythme biologique. En effet, les ventes des produits naissent, se développent, connaissent une période de stabilité puis disparaissent.

La courbe du cycle de vie du produit

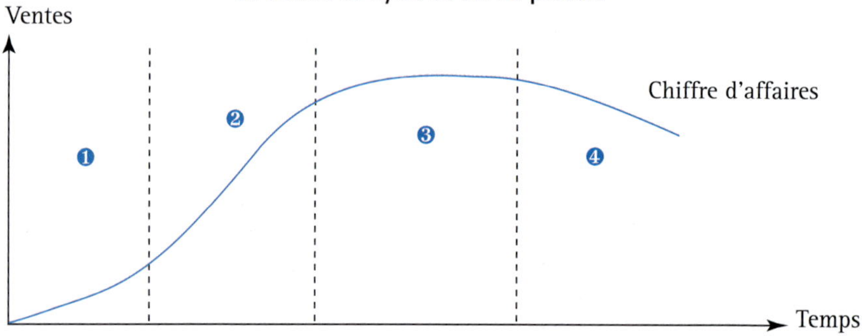

❶ La **phase de lancement** : elle correspond au lancement du produit sur le marché. Le produit est peu connu, peu présent dans les points de vente, les ventes sont peu élevées, la concurrence peu importante.

❷ La **phase de croissance** : les ventes du produit commencent à croître fortement. Les concurrents, attirés par la forte demande, sont de plus en plus nombreux.

❸ La **phase de maturité** : les ventes atteignent leur apogée et ne progressent plus. L'entreprise doit penser à investir dans la recherche d'un nouveau produit qui remplacera celui-ci arrivé à maturité.

❹ La **phase de déclin** : les ventes commencent à diminuer, l'entreprise doit alors se séparer du produit ou tenter de le relancer à l'aide d'innovations.

4 Le nouveau produit

Lorsqu'un nouveau produit est mis sur le marché, on dit qu'il s'agit d'une **innovation**.
On distingue deux niveaux d'innovation :
– le produit entièrement nouveau (ex. : le téléphone mobile) ;
– l'amélioration d'un produit existant (ex. : le téléphone mobile avec appareil photo intégré).
Certains produits de haute technologie nécessitent d'être constamment renouvelés (téléphones mobiles, ordinateurs...). L'innovation devient alors un argument commercial majeur.

Exercice ***Relancer un produit en phase de maturité***

Travail à faire

Prenez connaissance du document ci-dessous et répondez aux questions suivantes.

1. Comment se comportent les ventes d'un produit arrivé en phase de maturité ?
2. Qu'est-il possible de faire pour retarder l'arrivée de la phase de déclin ?

CORRIGÉ p. 141

Document : ***La relance des produits « mûrs »***

Lorsqu'un produit arrive en phase de maturité, ses ventes ne progressent plus et se mettent même à baisser légèrement. Pour une entreprise, la gestion des produits « mûrs » (arrivés en phase de maturité) compte parmi les tâches les plus délicates. En effet, au cours de cette phase, le marché n'offre plus de perspectives de croissance, et l'un des meilleurs moyens d'attirer de nouveaux clients consiste à conquérir ceux de la concurrence. Toutefois, le choix de l'affrontement avec un concurrent risque au final d'avoir coûté plus cher qu'il ne rapporte de ventes. Aussi, les entreprises peuvent-elles choisir d'autres voies, comme la pénétration de nouveaux marchés géographiques. Une entreprise implantée en France peut alors essayer de commercialiser ses produits dans d'autres pays européens, en Asie ou en Afrique. Une autre solution consiste à renouveler la fréquence d'utilisation, par exemple en multipliant les occasions de consommation d'un produit. Toutefois, un tel objectif ne peut être atteint qu'avec des moyens très importants : campagne publicitaire nationale, opération promotionnelle de longue période… L'entreprise peut aussi tenter de faire augmenter le niveau de consommation du produit par chaque consommateur, c'est ce qui arrive lorsqu'on décide de faire passer les pots individuels de crème dessert de 250 g à 500 g. Mais la solution la plus couramment utilisée consiste à relancer le produit existant en améliorant sa qualité (par exemple, sa durée de vie), en y incorporant de nouvelles caractéristiques (avec de nouvelles saveurs) ou en modifiant son esthétique (à l'aide d'un nouveau conditionnement).

Conseils

– Servez-vous d'exemples de produits que vous connaissez pour répondre aux questions.
– Structurez vos réponses et rédigez des phrases complètes.

10 L'assortiment

1 Le rôle de l'assortiment

L'assortiment est l'ensemble des produits proposés par un point de vente. Sa structure doit être définie précisément lors de la création d'un nouveau rayon, d'un nouveau point de vente, mais doit aussi évoluer régulièrement. C'est un élément clé de la politique commerciale. Il se construit en fonction du positionnement du distributeur et des attentes de sa clientèle.
Le renouvellement rapide de l'assortiment (parfois plusieurs fois par mois) est devenu la règle dans de nombreux points de vente. Le but est de continuellement surprendre le client et de l'inciter à la découverte.

2 La structure de l'assortiment

L'assortiment du point de vente se subdivise en :
– **catégories** : alimentaires, non alimentaires, services ;
– **groupes** : ensemble des produits correspondant à la même catégorie de besoin (ex. : liquides, bazar...) ;
– **familles** ou **lignes de produits** : ensemble des produits susceptibles de répondre à un même besoin (ex. : loisirs extérieurs, bricolage automobile, parfumerie, crémerie...) ;
– **sous-familles** : subdivision des familles (ex. : famille = crémerie, sous-famille = yaourts nature) ;
– **références** : produits d'une certaine marque dans un conditionnement particulier (ex. : yaourt à boire, 50 cl, arôme fraise, marque Yop).

L'assortiment se caractérise suivant son ampleur, sa largeur et sa profondeur.

Critères	Caractéristiques de l'assortiment	
Largeur	Assortiment large Nombreuses familles de produits. Ex. : hypermarché Auchan.	Assortiment étroit Peu de familles de produits. Ex. : supérette Coccinelle.
Profondeur	Assortiment profond Grand nombre de références. Ex. : GSS (grande surface spécialisée), Décathlon.	Assortiment superficiel Faible nombre de références par famille. Ex. : supermarché Champion.
Ampleur	Assortiment ample La majorité des groupes de produits. Ex. : grand magasin, Galeries Lafayette.	Assortiment restreint Un ou deux groupes de produits. Ex. : magasin spécialisé en articles de pêche.

3 La construction d'un assortiment

Il s'agit d'un choix stratégique important qui est souvent sous la responsabilité de la direction générale ou commerciale de l'enseigne. Dans la pratique, beaucoup de points de vente (notamment dans les chaînes succursalistes ou magasins franchisés) se contentent de réceptionner les produits et de respecter les propositions de marchandisage décidées à l'échelle nationale ou internationale.

1. Les principes de construction d'un assortiment

Le référencement d'un nouveau produit ne se fait pas au hasard. Il traduit la stratégie du magasin et son dynamisme commercial.

Il peut :
– répondre à un besoin de la clientèle non encore satisfait (repéré à la suite d'une enquête, de remarques répétées...) ;
– correspondre à l'évolution du marché (nouveauté, nouvelle ligne de produits...) ;
– correspondre à un besoin saisonnier (rayons saisonniers, promotions, opérations à thème...).

Il doit :
– respecter l'équilibre général de l'assortiment en termes de choix de produits, de surface de vente occupée ;
– assurer une rentabilité suffisante en intégrant les frais de gestion, de stockage... occasionnés.

2. L'assortiment et la gestion

En fonction de la politique commerciale du point de vente, l'assortiment peut inclure différentes catégories de produits. Chacune a une influence différente sur le CA et la marge.

Catégories	Chiffre d'affaires	Marge commerciale
Leader (marque nationale détenant de grosses parts de marché)	Élevé	Faible
MDD (marque de distributeur)	Moyen à élevé	Forte
Outsider (marque nationale à faible notoriété)	Moyen	Moyenne
Premiers prix	Moyen à élevé	Faible
Produit d'appel (référencement saisonnier ou régulier proposé à un prix attractif)	Élevé	Faible

Exercice 1 *Identifier les modalités de construction d'un assortiment*

Le rayon Jouets reste le parent pauvre de la grande distribution généraliste, qui concentre la quasi-totalité de ses efforts sur son offre de fin d'année. Vous êtes affecté(e) à ce rayon en tant que stagiaire dans un hypermarché Pribas. Vous avez la chance d'assister à la négociation entre le représentant d'un grand fabricant de jouets et votre chef de rayon (document ci-dessous).

Travail à faire

1. Sur quels principes se construit habituellement l'assortiment du rayon Jouets dans la grande distribution généraliste ?
2. Quelles raisons pourraient amener un chef de rayon à modifier l'assortiment du rayon Jouets ?

CORRIGÉ p. 141

Document : ***Négociation entre un représentant et le chef de rayon***

Voici quelques arguments présentés par le représentant pour justifier d'une montée en puissance de votre rayon.

– « Vous loupez un CA non négligeable sur les ventes de jouets en janvier, c'est de plus en plus le troisième mois jouets de l'année ! Les enfants dépensent l'argent reçu comme étrennes, et les adultes les bons-cadeaux de leur comité d'entreprise. »

– « Les enfants jouent toute l'année, mais vous ne proposez que des articles "sèche-pleurs" pour consoler les petits, à bas prix et souvent de piètre qualité. Vous pourriez facilement offrir des produits aux alentours de 15 €, plus chers évidemment, mais aussi plus valorisants. »

– « Pourtant, un bon rayon permanent contribue à la réussite de la période de fin d'année. On a noté que les consommateurs ont tendance à favoriser leur lieu habituel d'achat pour ces produits affectifs. »

– « Tous les acheteurs que je connais et qui assurent un suivi toute l'année acquièrent une connaissance réelle du marché et de ses tendances. »

– « N'oubliez pas un apport de marge non négligeable, grâce à un coefficient multiplicateur tournant aux alentours de 1,6 ! »

– « Voyez Bauchan, chez eux le rayon est une vraie vitrine, avec une mise en avant de jouets très marketés. Ces jouets bénéficient d'une communication télévisée souvent intensive et ils sont plébiscités par les enfants. »

– « Vous pouvez, avec un bon rendement, vous lancer dans le "microsaisonnier", avec des extensions en plateau à Pâques, à l'occasion des départs à la mer… Vous avez déjà obtenu de bons résultats en suivant l'actualité des sorties de films et de DVD ou des jeux à la mode. »

Exercice 2 *Caractériser l'assortiment d'un point de vente*

Travail à faire

1. Décrivez l'assortiment d'un point de vente correspondant aux qualificatifs suivant :
- ample, large et profond ;
- ample, large et superficiel ;
- restreint, large et profond ;
- restreint, étroit et profond.

2. Proposez, dans chaque cas, un type de point de vente et une enseigne.

CORRIGÉ p. 142

Conseils

– Cet exercice pourra être présenté sous forme de tableau pour en faciliter la lecture.
– Faites appel à votre expérience de consommateur en visualisant l'assortiment des enseignes que vous fréquentez.

Exercice 3 *Participer à la construction d'un assortiment*

Vous êtes en stage dans une mercerie qui propose aussi des articles de lingerie féminine. Le point de vente est situé dans la rue principale d'un village de 1 500 habitants à 5 km d'une ville de 80 000 habitants. Jusqu'à présent, le commerce s'est maintenu grâce à une clientèle fidèle essentiellement constituée de personnes d'origine rurale ou plutôt âgées. Or aujourd'hui, vous voyez se développer des lotissements aux abords du village. Des familles s'y installent ainsi que de jeunes adultes de 30 à 40 ans. D'ici quatre ans, la population devrait passer à 2 500 habitants.

Travail à faire

Faites des propositions pour faire évoluer l'assortiment actuel et l'adapter à ce nouvel environnement.

CORRIGÉ p. 142

Conseil

Il faut envisager les besoins types de ce profil de clientèle (aménagement, enfants en bas âge...). Faites appel à votre expérience ou à votre sens de l'observation.

11 La marque et le conditionnement

1 Les fonctions de la marque

Pour l'Organisation mondiale de la propriété industrielle (OMPI), la marque est « un signe servant à distinguer les produits ou les services d'une entreprise de ceux d'autres entreprises ». L'origine des marques peut être très ancienne ou très récente : certaines sont âgées de plus d'un siècle tandis que d'autres n'ont guère plus d'un an d'existence.
Les marques possèdent plusieurs fonctions qu'elles exercent auprès des consommateurs et des producteurs.

1. Pour le consommateur

– La **fonction d'identification** : elle permet d'identifier le produit du point de vue de ses principales caractéristiques.
– La **fonction de repérage** : elle aide l'acheteur dans le choix d'une marque donnée par rapport à ses concurrentes.
– La **fonction de garantie** : elle indique un signe de qualité et de performance.
– La **fonction de personnalisation** : le choix de certaines marques permet à un acheteur de se situer par rapport à son environnement social ou à ses occasions de consommation.

2. Pour le producteur

– La **fonction de positionnement** : elle donne à l'entreprise la possibilité de se positionner par rapport à ses concurrents.
– La **fonction d'image** : certaines marques, en raison de leur ancienneté, de leur notoriété et de leur renommée, constituent pour leur propriétaire un véritable patrimoine, fruit de nombreuses années de travail.

2 Les différents types de marque

On distingue quatre grands types de marque.
– La **marque entreprise** : c'est sans doute la plus ancienne. Tous les produits du fabricant portent la marque de l'entreprise (ex. : Peugeot, Michelin).
– La **marque produit** : le nom de l'entreprise s'efface au profit de la marque de ses produits. Par exemple, pour The Coca-Cola Company, les produits porteront les marques Coca-Cola, Sprite, Fanta, Nestea...
– La **marque enseigne** : c'est une marque qui porte le nom de l'enseigne (ex. : Décathlon, Kiabi).
– La **marque de distributeur (MDD)** : la marque est différente du nom de l'enseigne à laquelle elle appartient. Par exemple, Carrefour possède les marques First Line, Reflets de France, Tex...

3 L'image de marque

Le but de la marque est qu'elle soit reconnue des consommateurs. Plus la marque est connue (notoriété), plus elle touche un large public. La notoriété de la marque (par rapport à celle de ses concurrentes) peut se mesurer de différentes façons.

Les formes de notoriétés	Définitions
Notoriété	Connaissance du nom de la marque.
Notoriété spontanée	Citation spontanée du nom de la marque quand on fait référence aux produits et aux marques d'un marché.
Notoriété assistée	Connaissance du nom de la marque quand elle est citée dans une liste.
Notoriété qualifiée	Connaissance du nom et des principaux produits d'une marque.

Les consommateurs attribuent aux marques certains caractères objectifs (performances techniques, fiabilité, robustesse...) ou subjectifs (prestige, esthétique, luxe...). Cet ensemble de traits constitue ce que l'on appelle l'**image de marque**. Celle-ci peut être positive ou négative.

4 La protection de la marque

Le Code de la propriété industrielle accorde une protection juridique aux marques qui subissent des préjudices, notamment à cause des imitations et des contrefaçons.

1. Les préjudices subis par les marques

– L'**imitation** constitue une reproduction approximative créant un risque de confusion pour le consommateur qui n'a pas simultanément sous les yeux les deux marques en conflit. L'objectif est de récupérer les avantages de la marque imitée en faisant l'économie de tous les investissements réalisés par elle.
– La **contrefaçon** est constituée par la reproduction à l'identique ou quasi à l'identique de la marque d'autrui sans l'autorisation de son titulaire.

2. Comment protéger une marque

L'**INPI (Institut national de la propriété industrielle)** a pour mission de recenser et de centraliser les marques déposées en France. C'est donc à cet organisme qu'il convient de s'adresser pour déposer une marque, en respectant une certaine procédure :

– le **dépôt de marque** : avant de déposer une marque, il faut d'abord effectuer des recherches pour savoir si le nom choisi est disponible, s'il n'a pas déjà été retenu par un concurrent ou ne porte pas atteinte à des droits antérieurs de tiers. Le dossier de dépôt de marque peut être retiré à l'INPI. Il contient les documents relatifs au dépôt de marque et la demande d'enregistrement de marque en cinq exemplaires (formulaire CERFA n° 55-1280), accompagnée du règlement de la redevance de dépôt ;
– la **durée du dépôt** : une marque est déposée pour dix ans mais peut être renouvelée indéfiniment de dix ans en dix ans, à condition d'en faire la demande et de payer les différentes taxes.

5 L'emballage et le conditionnement

1. Définitions

– Le **conditionnement** : c'est l'enveloppe matérielle ou le premier contenant du produit qui constitue une unité pour la vente au détail (ex. : une bouteille d'eau minérale, une boîte de conserve).
– L'**emballage** : il enveloppe ou il contient, temporairement, un produit ou un ensemble de produits pendant les opérations de manutention, de transport, de stockage ou de présentation à la vente (ex. : le film plastique qui entoure une palette de bouteilles d'eau, un carton de 50 boîtes de conserve).

2. Les fonctions de l'emballage

En libre-service, les produits sont présentés à la vente sans l'intervention d'un vendeur. Dès lors, l'emballage du produit devient le seul moyen de communication avec le client. En plus de ses fonctions traditionnelles de protection, le conditionnement doit être vendeur.

Fonctions techniques	Fonctions commerciales
Contenir Transporter Stocker Protéger	Communiquer Informer Séduire

3. Le recyclage

Après avoir été utilisés, l'emballage et le conditionnement deviennent des déchets qui doivent être recyclés. De plus en plus d'enseignes ont pris conscience de ce problème en remettant aux consommateurs des sachets de caisse respectueux de l'environnement.

Exercice *Commercialiser des marques*

Travail à faire

À l'aide du document ci-dessous, répondez aux questions suivantes.

1. Pourquoi certaines entreprises donnent-elles la priorité à la marque plutôt qu'aux produits ?

2. Pourquoi les marques cherchent-elles à convaincre une clientèle jeune ?

CORRIGÉ p. 142

Document : ***La mercatique de la marque***

Dans un ouvrage publié en 2000, intitulé *No Logo – La tyrannie des marques*, l'auteur canadienne Naomi Klein retrace la naissance de la mercatique de la marque. Selon elle, le milieu des années quatre-vingt aurait été le théâtre de l'émergence d'un nouveau type d'entreprises.

Certaines firmes ont décidé de donner la priorité à la création d'une image de marque plutôt que de produits. En déménageant leurs usines dans des pays où la main-d'œuvre est peu coûteuse, ces entreprises ont libéré des ressources financières qu'elles emploient désormais à produire des messages puissants.

Les spécialistes de la mercatique tentent de développer chez les jeunes enfants une reconnaissance de la marque. Ils espèrent ainsi établir avec eux une longue relation. Selon certaines études, les bébés de 6 mois peuvent déjà former des images mentales de logos et de mascottes. La fidélité à la marque peut ainsi être établie dès l'âge de 2 ans. En entrant à l'école, un enfant peut reconnaître des centaines de logos.

Alors que les fabricants de jouets et de vêtements cultivent la reconnaissance de leur marque auprès des enfants depuis des années, des entreprises dites « pour adultes » (banques, fabricants automobiles, etc.) se lancent elles aussi dans l'aventure.

Conseils

– Rédigez une réponse d'une ou deux phrases pour chaque question.

– Servez-vous de votre propre relation avec certaines marques que vous appréciez (ou des relations de personnes de votre entourage) pour illustrer votre réponse.

12 La démarche qualité

1 Définitions

La **qualité** est, d'après la définition de l'AFNOR (Association française de normalisation), l'« aptitude d'un produit ou d'un service à satisfaire les besoins des consommateurs ».

La **démarche qualité** désigne l'ensemble des techniques et méthodes adoptées à tous les niveaux de l'entreprise pour obtenir une meilleure satisfaction du client à moindre coût.

2 Les modalités d'une démarche qualité

L'entreprise doit adopter une **orientation client**, c'est-à-dire que tous les services de l'entreprise doivent être tournés vers la satisfaction du client. Dans le cas d'un distributeur, la **démarche qualité** se manifeste depuis le choix des produits jusqu'au respect des délais au niveau du service après-vente, en passant par la qualité de l'accueil et du conseil. Cette démarche implique donc :

- une analyse fine de toutes les sources de non-qualité ;
- une mesure régulière de la qualité (enquêtes de satisfaction) ;
- la mise en place d'une procédure de gestion des réclamations ;
- la mobilisation de tous les personnels, en favorisant l'expression des salariés (cercles de qualité, réunion de créativité...), la formation et la motivation (bilan individuel régulier, intéressement aux résultats...).

3 Les avantages de la démarche qualité

Cette démarche présente de nombreux avantages pour le point de vente :

- l'amélioration de la satisfaction du client et de sa fidélisation ;
- le développement de sa notoriété et l'amélioration de son image de marque ;
- la mobilisation de l'ensemble du personnel autour d'un projet ;
- la maîtrise voire la réduction des coûts, notamment en luttant contre les coûts de la non-qualité (ex. : perte de clients, retard, rupture de stock...).

4 La certification

La certification de qualité s'inscrit dans cette démarche et garantit au client un niveau de qualité défini. Pour l'obtenir, l'entreprise doit répondre à un cahier des charges précis (normes ISO, NF Services, label...) visant autant les caractéristiques des produits et des services que les procédures adoptées.

Exercice ***Définir les enjeux d'une démarche qualité***

Travail à faire

À partir du document ci-dessous, répondez aux questions suivantes.

1. Relevez les actions allant dans le sens d'une démarche qualité.
2. Expliquez les enjeux de tels engagements pour le distributeur.

CORRIGÉ p. 143

Document : ***Les engagements Carrefour***

Ne laissons pas la qualité devenir un luxe.

Permettre au plus grand nombre d'accéder à des produits de qualité, c'est le combat que Carrefour mène chaque jour.

Le progrès se mesure à la vitesse à laquelle un produit réservé à certains devient accessible à tous.
Ceci se vérifie bien sûr pour les produit technologiques, dont les innovations permanentes sont rapidement proposées à des prix abordables chez Carrefour, comme par exemple les portes anti-brûlures des fours Firstline.
Mais c'est aussi vrai pour l'alimentation : avant, les produits issus de l'agriculture biologique ou les produits de bien-être étaient chers et vendus sur des marchés spécialisés inaccessibles pour beaucoup. Aujourd'hui, ils sont à la portée du plus grand nombre avec nos marques Carrefour Bio et J'aime.

MIEUX CONSOMMER, C'EST URGENT. Carrefour

Les engagements Carrefour

Les prix : vous trouvez moins cher ailleurs dans les 30 jours qui suivent votre achat et dans un rayon de 30 km, nous vous remboursons la différence, sur preuve d'achat et après vérification.

La garantie : la garantie des produits achetés chez Carrefour porte sur les pièces et la main-d'œuvre. Elle est valable sur l'ensemble du territoire national.

L'assistance téléphonique : 7 jours sur 7, de 8 heures à 22 heures, le Centre Assistance Micro-Informatique Carrefour, constitué d'une équipe de techniciens, vous accueille par téléphone en cas d'incident.
Pour les micro-ordinateurs de bureau et portables, si le problème ne peut pas être résolu par téléphone (panne matérielle), après dépôt dans votre magasin, l'appareil sera envoyé dans un atelier de réparation.

Le remboursement : vous regrettez votre achat ? Nous vous le remboursons, si vous le rapportez en parfait état dans son emballage d'origine et sur présentation du ticket de caisse dans les 15 jours qui suivent votre achat.

www.carrefour.fr

Conseil

Le terme « enjeux » peut déstabiliser. Il vous invite à définir les conséquences positives et négatives d'une action ou d'un choix.

13 Le prix

1 Le prix de vente

1. Les contraintes

Pour fixer un prix de vente, les entreprises doivent tenir compte d'un certain nombre de contraintes.

a) **La demande**

Un prix de vente trop élevé n'attire pas les clients tandis qu'un prix de vente trop bas peut dégrader la rentabilité du point de vente.

b) **La concurrence**

L'entreprise doit fixer ses prix par rapport à ceux de ses concurrents (il s'agit du positionnement prix).

c) **La réglementation**

L'entreprise doit respecter la réglementation en matière de prix et de fiscalité (voir la dernière partie de ce chapitre).

d) **Le coût de revient**

L'entreprise doit aussi prendre en compte l'ensemble des charges engendrées par le produit (achats, fabrication, commercialisation).

2. Le calcul du prix de vente TTC

Le calcul du prix de vente TTC (toutes taxes comprises) s'effectue à partir du prix de vente HT (hors taxes) ou à partir du coût d'achat.

a) **À partir du prix de vente HT**

Pour déterminer le prix de vente TTC, il faut ajouter le montant de la TVA (taxe sur la valeur ajoutée) au prix de vente HT. Le montant de la TVA est déterminé à partir du taux de TVA appliqué au prix de vente HT.
Il existe deux taux de TVA : le taux normal, qui s'élève à 19,60 %, et le taux minoré, qui est de 5,50 %.

Exemple

Une entreprise quelconque fixe le PV HT d'un article à 25 €. Quels seront le montant de la TVA (taux à 19,60 %) et celui du PV TTC ?

$$\text{Montant TVA} = \text{PV HT} \times \text{taux de TVA}$$
$$4{,}90 = 25 \times (19{,}60 / 100)$$

$$\text{PV TTC} = \text{PV HT} + \text{montant TVA}$$
$$29{,}90 = 25 + [25 \times (19{,}60 / 100)]$$

ou

$$\text{PV TTC} = \text{PV HT} \times (1 + \text{taux de TVA})$$
$$29{,}90 = 25 \times [1 + (19{,}60 / 100)]$$

b) **À partir du coût d'achat**

Lorsque les frais liés à l'achat (transport, emballage...) sont intégrés dans les calculs, on parle alors de coût d'achat.

Coût d'achat = prix d'achat + frais liés à l'achat

Les commerçants utilisent souvent un coefficient multiplicateur qui leur permet de déterminer le prix de vente TTC directement à partir du coût d'achat.

Exemple

Le coût d'achat de l'article précédent est de 20 €, son PV HT est toujours de 25 €. Calculez le coefficient multiplicateur.

Coefficient multiplicateur = PV TTC / coût d'achat

1,495 = 29,90 / 20

PV TTC = coût d'achat × coefficient multiplicateur

29,90 = 20 × 1,495

2 Le calcul de la marge

La marge est la différence entre le prix de vente hors taxes et le coût d'achat.

Exemple

Toujours à partir du coût d'achat précédent (20 €) et du PV HT (25 €), calculez la marge réalisée, le taux de marque et le taux de marge.

Marge = PV HT – coût d'achat

5 = 25 – 20, soit 5 €.

Il est possible de calculer le taux de marque (TM), c'est-à-dire l'expression de la marge par rapport au prix de vente HT.

Taux de marque = (marge / PV HT) × 100

20 = (5 / 25) × 100, soit 20 %

La marge peut aussi être exprimée en fonction du coût d'achat, il s'agit alors du taux de marge (Tm).

Taux de marge = (marge / coût d'achat) × 100

25 = (5 / 20) × 100, soit 25 %

3 Le prix d'acceptabilité

Il s'agit de fixer le prix de vente que le plus grand nombre d'acheteurs acceptent de payer.

Pour déterminer ce prix d'acceptabilité, il faut commencer par réaliser une enquête au cours de laquelle deux questions sont posées :

– **Question 1** : « Au-dessus de quel prix jugeriez-vous ce produit trop cher ? » Cette question vise à connaître le **prix maximal** que le consommateur est disposé à payer pour acheter le produit.

– **Question 2** : « Au-dessous de quel prix jugeriez-vous ce produit de mauvaise qualité ? » Cette question a pour objectif de connaître le **prix minimal** que le consommateur accepte de payer pour acheter le produit.
Les résultats obtenus sont ensuite récapitulés dans un tableau qui permet de faire apparaître le prix que le plus grand nombre d'acheteurs acceptent de payer. Les résultats peuvent aussi être représentés dans un graphique.

4 Les stratégies de prix

1. La stratégie d'écrémage

Elle consiste à pratiquer des prix de vente supérieurs à ceux de ses concurrents afin de bénéficier d'une image de marque haut de gamme et de marges importantes.

2. La pénétration de marché

L'entreprise fixe des prix de vente inférieurs à ceux de ses concurrents afin de conquérir des parts de marché.

3. L'alignement

L'entreprise fixe ses prix de vente en s'alignant sur ceux pratiqués par ses concurrents significatifs ou par le leader du marché.

4. La stratégie de différenciation

Elle consiste à pratiquer des prix de vente différents pour un même produit en fonction de la clientèle (ex. : tarifs jeunes), du lieu (ex. : l'emplacement pour voir un spectacle) ou d'autres critères.

5 La réglementation sur les prix

En France, l'ordonnance Balladur du 1er décembre 1986 a instauré la liberté des prix. Cependant, d'autres règles complètent le dispositif.

1. Les prix imposés

Un fournisseur ne peut imposer un prix de revente à un commerçant, mais les prix conseillés sont autorisés.

2. L'affichage des prix

Il est obligatoire pour tous les produits présentés à la vente.

3. La revente à perte

Elle est interdite en dehors de quelques exceptions, comme les soldes ou les liquidations. Son seuil est déterminé à partir du prix d'achat facturé par le fournisseur et des frais liés à cet achat (c'est donc le coût d'achat).

Exercice ***Monter une tête de gondole***

Afin de monter une tête de gondole du 8 au 15 février N, la supérette Bapri vient de recevoir la livraison d'une palette de 50 cartons de biscuits Gofrete, qu'elle a commandée auprès de son fournisseur Lui. Chaque carton contient 100 paquets de biscuits. La palette est facturée 4 600 € par le fournisseur et son transport coûte 150 € à Bapri.
Votre responsable vous charge de réaliser cette tête de gondole (TG) et d'en assurer la gestion.

Travail à faire

1. Calculez le coût d'achat unitaire d'un paquet de biscuits.
2. Déterminez le seuil de revente à perte du paquet de biscuits.

Le coefficient multiplicateur habituellement pratiqué dans le rayon Épicerie est de 1,25. Mais, pendant la durée de la TG, il sera ramené exceptionnellement à 1,10. Le taux de TVA sur les produits alimentaires est de 5,50 %.

3. Calculez les prix de vente TTC et HT du paquet de biscuits hors période promotionnelle.
4. Calculez les prix de vente TTC et HT du paquet de biscuits pendant la durée de la TG.
5. Calculez le montant de la marge unitaire réalisée pendant la TG.
6. Déterminez le taux de marque et le taux de marge sur ce produit pendant la TG.

En effectuant un relevé de prix chez votre principal concurrent, vous constatez qu'il vend le même paquet de biscuits au prix de 0,96 €. Vous décidez de vous aligner sur ce prix.

7. Quelle sera la marge unitaire réalisée à ce nouveau prix ?
8. Quels seront les nouveaux taux de marge et de marque ?

CORRIGÉ p. 143

Conseils

– Relisez les formules de calcul de marge contenues dans la partie théorique.
– Pensez à arrondir vos résultats intermédiaires au centime le plus proche avant de passer au calcul suivant.
– Soyez toujours méthodique lorsque vous effectuez des calculs en présentant le détail des opérations réalisées.
– Présentez toujours le résultat de vos calculs en encadrant le résultat que vous avez obtenu.

14 La communication orale professionnelle

1 Les déterminants de la communication

1. Principes de base

– Communiquer est un acte difficile : les problèmes de communication sont souvent à l'origine de conflits interpersonnels et de groupe.
– On ne peut pas ne pas communiquer : tout acte est porteur de signification : nos gestes, notre langage, nos comportements et attitudes...
– Une communication efficace tient compte de la transmission du message et aussi de la relation qui s'est établie entre les acteurs.

2. Les dimensions de la communication

Plusieurs éléments influencent nos attitudes pendant la communication.

Influences	Exemples
Dimension sociale	
Règles de savoir-vivre	Saluer le client dès son entrée dans le magasin et à son départ, lui sourire, lui souhaiter une bonne journée...
Dimension culturelle	
Rites et codes sociaux	Négociation longue en Asie, marchandage du prix dans certains pays d'Afrique, du Moyen-Orient...
Registres de langage	Familier : avec un collègue. Courant : avec un client, un supérieur. Soutenu : avec des partenaires extérieurs.
Dimension émotionnelle	
Préjugés	Jugement négatif sur les marques distributeurs sans les avoir goûtées (*a priori* sur un sujet sans expérimentation).
Croyances	Client qui ne consomme que des produits biologiques (conviction très forte basée sur une expérimentation).
Sentiments	Un client, par son apparence physique (vêtements, âge...), peut donner l'impression qu'il est sympathique.
Dimension environnementale	
Lieu, espace, moment, contexte	Client plus à l'écoute quand le magasin est calme, fatigué en fin de journée, stressé pour un achat impliquant (voiture, ordinateur), à certaines occasions (rentrée scolaire, Noël...).

2 Les techniques de communication

Un individu doit chercher à comprendre son interlocuteur pour adapter sa communication. Plusieurs techniques vont l'aider.

1. L'observation

On peut observer plusieurs éléments du langage verbal et non verbal.

LANGAGE VERBAL	
Éléments	**Ils peuvent renseigner sur :**
Le ton, l'articulation, le débit	L'état émotif de la personne.
Le champ lexical	Le niveau de compétence, l'appartenance sociale, le niveau d'instruction.
Le type de langage	Le registre sensoriel dominant : visuel, auditif, kinesthésique.
LANGAGE NON VERBAL	
Éléments	**Exemples de significations possibles**
Le visage	Regard vers l'interlocuteur = écoute ; front plissé = inquiétude.
Les mains	Au repos = maîtrise de soi ; tremblantes = stress.
Le buste	En avant = personne attentive ; en arrière = détachement.
Les gestes	Lents = assurance ; brusques = énervement.
La sensation	Pâlir, rougir, bégayer, trembler = émotivité.

2. Le questionnement

Un questionnement est pertinent s'il correspond à l'objectif visé.

Types de question	Objectifs
Ouverte : « Qu'en pensez-vous ? »	Faire parler
Fermée : « Vous préférez payer comptant, à crédit ? »	Faire préciser
Alternative : « Vous préférez un avoir ou un remboursement ? »	Faire choisir
Miroir : on rebondit sur un élément de la réponse : « Vous avez dit que vous n'aimiez pas le noir ? »	Approfondir
Reformulation : « Si j'ai bien compris... »	Vérifier
Suggestive : « Ne pensez-vous pas que... »	Influencer

3. La reformulation

La reformulation consiste à « redire mais avec d'autres mots ».

Techniques	Exemples
Reformulation-reflet : tout redire mais autrement.	« Cette télévision est vraiment trop chère. » Reformulation : « Vous trouvez le prix trop élevé ? »
Reformulation-clarification : reprendre l'essentiel pour faire préciser.	« Je ne peux décider sans ma femme. » Reformulation : « Vous prenez toujours vos décisions en accord avec votre femme ? »

4. L'empathie : « faire le caméléon »

L'empathie est définie comme la capacité de se mettre à la place de l'autre pour ressentir l'état émotionnel de son interlocuteur. Le vendeur doit, dans un premier temps, **observer** le client (gestes, ton, débit de parole, registre de langage...) pour pouvoir, dans un deuxième temps, se **synchroniser** avec lui, c'est-à-dire adopter sa façon de communiquer.

5. L'écoute active

a) Définition

Un individu pratique l'écoute active quand il **décode** le message pour comprendre sa **réelle** signification.

b) Les attitudes à adopter

Elles consistent à prendre du temps pour mémoriser les propos de l'interlocuteur, prendre en notes les éléments indispensables de son discours, l'observer pour cerner son profil et son état émotif, le questionner pour approfondir et faire préciser ses propos, reformuler pour vérifier que l'on a compris le sens réel du message.

3 La gestion des situations difficiles

1. Les origines

Une situation difficile peut être une réclamation (mécontentement à la suite d'une insatisfaction) ou un conflit (opposition forte du client).
Elle peut avoir plusieurs origines :
– **matérielles** : liées à des problèmes techniques (ex. : il n'y a plus de chariot sur le parking) ;
– **organisationnelles** : liées aux méthodes de travail (ex. : erreur d'affichage de prix, envoi d'un courrier alors que l'information est urgente) ;
– **relationnelles** : liées aux attitudes et comportements de l'individu (ex. : manque d'écoute, jugement personnel sur une situation, stress...).

2. Les techniques

La démarche de résolution des problèmes comporte plusieurs phases.

Phases	Objectifs	Attitudes
Écouter la réclamation	– S'intéresser au client. – Désamorcer l'agressivité.	Ne pas interrompre le client, parler calmement, l'isoler, être positif.
Analyser la situation	– Définir le motif de l'insatisfaction. – Évaluer les préjudices. – Évaluer la responsabilité.	– Questionner pour faire décrire la situation, préciser les faits et évaluer l'importance et la nature du préjudice : financier, moral. – Reformuler pour vérifier les faits.

a) **L'entreprise est responsable**

Phases	Objectifs	Attitudes
Recherche de solutions	Proposer des solutions possibles.	Description des solutions : échange, remboursement, avoir...
Établir un contrat	Se mettre d'accord sur une solution.	Résumer la situation, la solution choisie, ses modalités.

b) **Le client est responsable**

Phases	Objectifs	Attitudes
Reformulation	Lui démontrer sa responsabilité.	Rester ferme, argumenter avec les preuves : charte de qualité, consignes...

3. Le suivi de la situation

Toute réclamation doit être enregistrée selon la procédure de l'entreprise : cahier, fiches de réclamations... et communiquée au responsable concerné. La mauvaise maîtrise des techniques de communication a des effets importants : perte du client et détérioration de l'image de l'entreprise.

4 La communication au sein de l'équipe commerciale

1. Le fonctionnement d'un groupe

a) **Définition**

Un groupe existe à partir de la réunion de deux individus afin d'échanger des idées, d'intégrer des changements et de réguler les liens affectifs.

b) **Les attitudes au sein du groupe**

On observe deux grandes catégories d'attitudes des membres d'un groupe.

Attitude axée sur :	Comportements des membres du groupe
La tâche à réaliser	Ils échangent des informations, des idées, se posent des questions, proposent des solutions, produisent pour atteindre les objectifs fixés.
L'émotion	Ils s'opposent aux idées et aux propositions, dénigrent des membres du groupe, montrent de la solidarité, plaisantent.

2. Les techniques d'animation d'un groupe

On distingue trois styles d'animation :

– **autocratique (directif)** : l'animation est dirigée intégralement par l'animateur ;
– **démocratique** : les participants donnent leur avis sur le fonctionnement de la réunion ; l'animateur régule le groupe en fonction des objectifs à atteindre ;
– **laisser-faire** : le groupe décide du fonctionnement de la réunion.

Exercice 1 *Gérer une réclamation*

Vous travaillez au service après-vente d'un magasin spécialisé dans la hi-fi et la vidéo. Ian, un stagiaire, accueille une cliente (document 1 ci-dessous).

Travail à faire

1. Repérez le motif de la réclamation de la cliente.
2. Identifiez le type de langage utilisé par la cliente (visuel, auditif, kinesthésique).
3. Aidez Ian à s'évaluer en complétant le document 2 ci-dessous.
4. Indiquez comment il doit faire pour améliorer son écoute active.

CORRIGÉ p. 144

Document 1 : ***Dialogue***

Ian : Bonjour, je peux vous aider ?
Cliente : Oh oui ! J'ai acheté une télévision hier, impossible de programmer les chaînes avec la télécommande. Je suis catastrophée, mon petit-fils arrive, il faut que ça marche !
Ian : Vous avez la notice d'emploi ?
Cliente : Bien sûr, je l'ai lue dix fois et je ne comprends rien du tout !
Ian : Ce n'est pourtant pas compliqué, j'ai acheté la même, regardez, tout est indiqué.
Une autre cliente intervient : La dame a raison, les appareils sont de plus en plus sophistiqués.
Cliente : Vous ne pouvez pas me montrer comment on programme ?
Ian : Je vais vous relire les explications.
Cliente : Je les ai déjà lues, ce n'est pas simple.
Théo, un autre vendeur, arrive : Venez, on va se mettre dans la réserve et brancher la télé.

Document 2 : ***Grille d'évaluation***

	+	–
Adopte le langage du client.		
Questionne sur les faits.		
Reformule.		
Évalue le préjudice, les conséquences pour le client.		
Propose la solution adaptée.		
Crée un climat positif, isole le client si nécessaire.		

Conseil

Aidez-vous de votre expérience de consommateur et de votre vécu en entreprise.

Exercice 2 *Communiquer au sein de l'équipe*

Vous travaillez dans une boutique de prêt-à-porter franchisée. La responsable réunit l'équipe pour faire le bilan de la semaine écoulée (document 1). À la fin de la réunion, Carl et Léa engagent une discussion (document 2).

Travail à faire

1. Identifiez le style d'animation de la réunion.
2. Repérez l'attitude de chaque membre de l'équipe en précisant si elle est plutôt centrée sur la tâche à réaliser ou plutôt sur l'émotion.
3. Identifiez les éléments qui influencent la discussion entre Carl et Léa, en précisant la dimension de la communication à laquelle ils appartiennent.

CORRIGÉ p. 144

Document 1 : ***Réunion hebdomadaire avec Hélène, la responsable***

Hélène : Comme tous les lundis, nous allons faire le bilan de la semaine : chiffre, marge, atteinte des objectifs, puis nous parlerons de l'action « L'automne en fête » : planning, tâches à effectuer. On se donne 45 minutes maximum. Y a-t-il des questions, des remarques avant de commencer ?
Léa : Je voudrais savoir si on peut parler des congés d'hiver, je veux réserver un billet d'avion.
Carl : Encore un voyage ! Tu as rencontré un milliardaire !
Paul : Tu ne vas pas encore nous ennuyer avec tes vacances.
Hafida : Je trouve qu'elle a raison, c'est bien de pouvoir s'organiser à l'avance.
Hélène : On en parle la semaine prochaine, venez avec vos souhaits de congés.

Document 2 : ***Discussion entre Carl et Léa***

Carl : Alors la Turquie, c'était comment ?
Léa : Très bien, le pays est magnifique. J'ai fait des achats, les vendeurs t'offrent le thé systématiquement et j'adore marchander. Que s'est-il passé avec la cliente ce matin ?
Carl : Elle voulait acheter des chaussures, quand elle a vu le pays de fabrication, elle m'a dit : « Elles ne vont pas tenir quinze jours, j'ai toujours entendu dire que les produits provenant de ce pays sont de très mauvaise qualité. » Impossible de la convaincre. Ce qui est dommage, c'est qu'elle ne teste pas elle-même pour se faire sa propre opinion.

Conseil

Repérez les mots clés de chaque propos pour identifier l'attitude des participants ainsi que les éléments qui influencent la communication.

15 La communication écrite

1 La place de l'écrit dans la communication

La rédaction de documents écrits doit être réfléchie car ils laissent des traces, peuvent servir de preuve juridique et reflètent l'image de l'entreprise.

2 Les types de message

Le contenu diffère selon plusieurs éléments.

1. Le niveau de hiérarchie

– **Communication ascendante** : d'un subordonné vers un supérieur.
– **Communication descendante** : d'un supérieur à un subordonné.
– **Communication latérale** : entre deux personnes de même niveau hiérarchique.

2. L'objectif du message

Documents	Objectifs	Exemples de situation
Note de service	Diffuser des consignes.	Annoncer une modification des horaires de travail.
Mémo	Diffuser une information brève.	Informer de l'arrivée de la commande.
Courrier électronique	Informer rapidement.	Contacter un fournisseur pour un retard de livraison.
Courrier	Informer, répondre à une lettre.	Répondre à une réclamation.
Compte rendu d'activité	Informer sur le déroulement d'une mission, d'une action.	Action promotionnelle. Étude clientèle.

3. La rédaction des messages

Pour être mis en valeur, le message doit être :
– **précis** : l'objectif est atteint, l'essentiel est écrit, le superflu enlevé ;
– **clair** : le message est axé sur les faits, daté, identifié (noms + fonctions de l'émetteur et du destinataire), l'objet est précisé, les phrases sont courtes, une idée équivaut à une phrase ;
– **adapté** : le langage utilisé doit correspondre au niveau de hiérarchie (langage familier / courant / soutenu...), le vocabulaire doit être compris par le récepteur ;
– **structuré** : les idées sont regroupées par thèmes, une introduction (rappel du contexte) et une conclusion (résumé de la situation) pour le courrier sont nécessaires.

Exercice *Rédiger un message*

Vous êtes vendeur/-euse au supermarché Fraismag. Le lundi 12 juin N, Yvon Pasquier, le chef de rayon, fait le bilan avec les vendeurs (document 1 ci-dessous) sur l'opération promotionnelle « Fruits de l'été » qui s'est déroulée du 8 au 10 juin.

Travail à faire

Rédigez la note pour informer le directeur, Carl Plot, de l'opération à l'aide du document type utilisé par l'entreprise (document 2 ci-dessous).

CORRIGÉ p. 144

Document 1 : ***Bilan de l'opération***

Lundi 12 juin, à 9 h : « Samedi a été notre plus gros jour de ventes : 65 % du chiffre d'affaires, vendredi : 30 %, par contre jeudi : 5 % ! Les prospectus sont arrivés tard, il faut prévoir une semaine entre leur diffusion et le début de l'opération. L'animation magasin par les producteurs locaux est très réussie. Les annonces radio n'ont rien donné, il faut arrêter, c'est le troisième échec. Il faut penser pour la prochaine action à augmenter les caisses "moins de dix articles" le samedi : des clients ne viennent que pour les promotions, s'ils attendent trop, on ne les fidélisera jamais ! On enregistre + 5 % du chiffre sur les 3 jours, c'est bien ! »

Document 2 : ***Modèle de compte rendu d'action***

FRAISMAG **Le 8 janvier N**
De : Cathy Mont, chef de rayon

À : Carl Plot, directeur

Compte rendu d'action

Action : Opération promotionnelle « blanc » du 3 au 6 janvier N

Résultats : – **Chiffre d'affaires :** évolution globale sur la semaine : + 8 %.
J1 (mardi) : 39 %, J2 : 21 %, J3 : 12,5 %, J4 : 27,5 % : vente à prix coûtant
– **Communication :** prospectus : diffusion le 27 décembre : bon impact ; radio : pas d'impact

Problèmes rencontrés :
– peu de vendeurs le samedi après-midi ;
– manque de caisses le samedi de 16 h à 20 h.

Conseil

Éliminez les informations inutiles et classez celles que vous retenez par thème.

ENTRAÎNEZ-VOUS

16 La communication commerciale

1 Le rôle de la communication commerciale

Toute communication a des incidences pour l'entreprise, tant au niveau de son image que de ses résultats financiers. C'est pourquoi l'entreprise met en place une stratégie de communication en définissant des objectifs et en se fixant des délais pour choisir des supports de communication adaptés. Ses objectifs principaux sont d'augmenter sa notoriété, d'améliorer son image, d'attirer le consommateur pour qu'il achète et de le fidéliser.

2 Le vocabulaire spécifique

Support : élément qui véhicule la communication (exemples : France 3, *Le Monde*, NRJ).
Média : famille de supports qui utilisent le même moyen d'expression (ex. : TF1, France 3, Canal + sont des supports du média télévision).
Annonceur : nom de l'entreprise qui communique.
Publicité collective : menée par un ensemble d'entreprises qui défendent une cause commune (ex. : « manger des pêches en été »).
Publicité locale : réalisée autour de la zone géographique de l'entreprise.
Publicité nationale : communication élargie à d'autres zones géographiques, au pays.

3 Les différentes formes de communication

On distingue plusieurs formes de communication.

1. La communication média

Elle regroupe les médias s'adressant à un public très large, appelés « médias de masse ».

Médias	Avantages	Inconvénients
Télévision	Audience élevée. Fort pouvoir de persuasion.	Coût et délais élevés. Média réglementé.
Radio	Très ciblé (âge, CSP).	Faible attention.
Affichage	Sélectivité géographique.	Coût élevé.
Cinéma	Audience attentive.	Audience limitée.
Presse périodique	Bonne sélectivité.	Coûts élevés.
Presse gratuite	Bonne couverture locale, peu coûteuse.	Qualité d'impression médiocre.
Presse quotidienne	Bonne couverture locale. Lectorat fidèle.	Faible durée de vie.

2. La communication hors média

Elle regroupe les autres formes de communication qui s'adressent à une ou plusieurs cibles plus restreintes.
On distingue :
– **la mercatique directe** : l'entreprise s'adresse directement au consommateur. On distingue deux types de contact :

Contacts	Supports	Caractéristiques
Personnalisé	Publipostage : lettre + documentation + coupon-réponse ou opération de marketing téléphonique.	Il s'effectue au moyen de fichiers permettant un ciblage et crée une interactivité avec le client.
Non personnalisé	Imprimés sans adresse (prospectus) distribués dans les boîtes aux lettres, catalogue, téléachat, Internet.	Les techniques sont moins coûteuses mais l'impact est difficile à mesurer.

– **les relations publiques** : il s'agit des manifestations permettant de développer des relations avec les partenaires : inaugurations, visites d'entreprises, reportages... ;
– **le parrainage** : l'entreprise apporte son soutien matériel ou financier à une personne, à une association : exploits sportifs, projets humanitaires... ;
– **le mécénat** : l'entreprise apporte son soutien à une cause sans dévoiler son nom ;
– **la promotion des ventes** : elle regroupe les réduction de prix, les primes... (voir chapitre 17) ;
– **la publicité sur le lieu de vente (PLV)** : elle regroupe des supports qui attirent le consommateur vers le produit – affiches, présentoirs, annonces sonores, ministands... ;
– **l'information sur le lieu de vente (ILV)** : elle regroupe les supports d'information mis en place sur le point de vente – signalétique permettant d'identifier les rayons, bornes interactives, vidéo présentant l'utilisation d'un produit, fiches techniques, plan du magasin. L'objectif est d'informer les clients pour faciliter l'accès aux produits et aux services ;
– **les événements commerciaux** : les salons et foires permettent de rencontrer des clients, d'observer la concurrence, de prendre des commandes, d'accroître sa notoriété, de prospecter de nouveaux clients... Les critères de choix de l'événement sont la cible et le public rencontré, l'impact sur la notoriété, les ventes, l'organisation, la durée ;
– **les autres formes de communication** : l'entreprise communique aussi par le produit lui-même, les plaquettes de l'entreprise, les catalogues, le logo, les cartes de fidélité, les objets publicitaires...

Exercice 1 *Identifier une forme de communication*

Vous travaillez dans un hypermarché niçois. Le responsable vous relate dans le document ci-dessous les différentes actions de communication réalisées l'année dernière.

Travail à faire

Pour chaque situation, identifiez la forme de communication et les supports qui sont utilisés.

CORRIGÉ p. 145

Document : ***Actions de communication réalisées***

a. Distribution de prospectus sur la zone de chalandise et encart dans le quotidien régional *Nice Infos* lors de l'agrandissement du magasin.

b. Campagne d'affichage au moyen de panneaux 4 × 3 m, dans les villes où l'enseigne est présente, lors de la sortie de la nouvelle carte de paiement.

c. Reportages sur *Radio Nice* et *Jeunes Nice* dans le cadre du parrainage d'un coureur cycliste.

d. Contact téléphonique auprès des clients titulaires de la carte privative pour leur présenter un nouveau service financier.

Conseils

– Réalisez le travail sous forme de tableau.
– Assurez-vous que vous maîtrisez la différence entre un média et un support.

Exercice 2 *Participer à un publipostage*

Vous travaillez chez Isis, parfumerie et soins esthétiques. Le 17 août, la responsable vous demande de participer à une opération de publipostage afin d'informer les clientes sur la nouvelle carte de fidélité (document 1).

Travail à faire

1. Rédigez la lettre qui sera envoyée aux clientes à l'aide du document 1 et de l'exemple d'une lettre réalisée pour une autre opération (document 2 ci-contre).
2. Chiffrez le coût de l'opération (document 1).

CORRIGÉ p. 145

Document 1 : ***Entretien avec la responsable, Isis Moulin***

« Nous allons proposer une nouvelle carte de fidélité : dès le 1er septembre, nous proposons une réduction de 10 % sur tous les achats supérieurs à 50 €, soins esthétiques compris. Comme c'est la rentrée, nous offrons un soin du visage gratuit si la cliente vient la retirer avant le 15 septembre et, comme d'habitude, un cadeau-surprise si elle amène une amie, ça marche bien pour la fidélisation ! Je souhaite que la lettre soit envoyée au plus tard le 19 août. Nous allons changer la couleur des supports, j'ai pris du papier à lettre jaune, sympa, un peu cher : 0,07 € la feuille ! Le prix de l'enveloppe assortie est correct : 0,10 € l'unité. Les frais postaux ont aussi augmenté : ils s'élèvent à 9 € pour l'envoi de 200 mailings et 16 € pour 400 mailings. J'ai consulté le fichier, on peut compter 350 clientes, c'est bien ! »

Document 2 : ***Exemple de lettre***

Nom + adresse + logo de l'entreprise →

ISIS *Beauté*

7 rue Dupin
60003 LYON

Le 12 mars N ← **Date**

Léa Joly
2 rue Monge
69007 Lyon ← **Nom et adresse de la cliente**

Chère Mlle Joly, ← **Contact personnalisé**

Accroche → *L'été approche à grands pas !*

Objectif principal → *Pour avoir un teint hâlé dès la sortie de l'hiver, nous vous proposons de tester nos nouveaux UV.*

30 % de réduction vous sont offerts sur les cinq premières séances. ← **Présentation de l'offre**

Avantages de l'offre → *Un programme personnalisé vous attend afin de bronzer en douceur et sans risque pour la peau.*

N'attendez pas, notre offre n'est valable qu'en avril ! ← **Date butoir**

Rappel de l'offre ou présentation d'un autre avantage → *Venez avec une amie : un cadeau-surprise vous attend !*

Isis Moulin

17 La promotion des ventes et les techniques d'animation

1 Le but de la promotion des ventes

1. L'intérêt des opérations promotionnelles

La promotion des ventes a pour but de stimuler le consommateur à l'aide d'un avantage limité dans le temps, afin de déclencher rapidement l'acte d'achat. On a souvent recours aux techniques de promotion des ventes dans les situations suivantes :
- pour accroître les ventes d'un produit ;
- pour épuiser un stock ;
- pour lutter contre la concurrence ;
- pour faire connaître un nouveau produit ;
- pour générer du trafic dans le point de vente.

2. Les risques

Les techniques promotionnelles présentent parfois des aspects négatifs :
- le coût d'une action promotionnelle peut être supérieur au profit dégagé par les ventes supplémentaires. Au final, l'opération peut alors se révéler non rentable ;
- les promotions poussent les clients à passer d'une marque à l'autre, ce qui accroît leur infidélité à la marque ;
- elles peuvent nuire à l'image de certaines marques haut de gamme.

2 Les acteurs de la promotion des ventes

Parmi les différents acteurs de la promotion des ventes, il faut distinguer les décideurs de l'action des destinataires de l'action.

Décideurs	Destinataires	Nature des actions
Fabricant	Force de vente	Séminaires d'information, concours de vente, échantillons…
	Revendeurs	Aides à la vente (PLV, présentoirs…), animateurs, réductions de prix…
	Prescripteurs	Invitation à des journées d'information, échantillons, documentation…
	Consommateurs	Réductions de prix, jeux et concours, dégustations…
Détaillant	Consommateurs	Réductions de prix, services gratuits, jeux et concours, crédit gratuit…

3 Les techniques promotionnelles

Les techniques promotionnelles prennent des formes très diverses dont voici quelques exemples.

Techniques	Explications
La prime directe	Un objet est remis à l'acheteur d'un produit à l'occasion d'un d'achat.
La prime différée	Un objet est remis à l'acheteur de façon différée par rapport à l'achat.
Le produit en plus	Une quantité de produits supplémentaires est offerte à l'occasion d'un achat.
La réduction de prix	Une baisse immédiate et sans condition du prix de vente d'un produit est effectuée.
Le lot	C'est la vente groupée dans le même emballage de deux articles ou plus.
La vente liée	Deux produits complémentaires ou plus sont vendus avec une réduction de prix.
L'offre de remboursement	Le client bénéficie d'un remboursement total ou partiel sur demande accompagnée de preuves d'achat.
Le bon de réduction	Il donne lieu à une réduction à la caisse du point de vente où est effectué l'achat.
L'essai gratuit	Le consommateur a la possibilité d'essayer gratuitement le produit.
Le jeu et le concours	Le client bénéficie de l'espérance d'un gain par tirage au sort ou participation à un concours.
L'échantillon	Un modèle réduit du produit est remis gratuitement au client.
Offre sur carte	Elle est réservée aux porteurs de cartes émises par les enseignes.

Chaque technique professionnelle peut se décliner sous plusieurs formes. Par exemple, les promotions par lots regroupent des lots jumelés (deux ou plusieurs articles identiques), des lots découverte (l'un des produits du lot est nouveau et peut ainsi être essayé), des lots incluant un produit gratuit, etc.

Très souvent, les techniques employées sont limitées dans le temps. Cette durée de validité peut aller de quelques jours pour un essai gratuit à quelques années pour une offre sur carte émise par une enseigne.

4 La réglementation sur la promotion des ventes

En France, les techniques promotionnelles font l'objet d'une sévère réglementation. En voici quelques exemples.

Techniques	Réglementations
Les ventes à prime	La valeur des primes est limitée : – à 7 % du prix TTC pour un prix inférieur à 80 € ; – à 5 € + 1 % du prix TTC pour un prix supérieur à 80 €, dans une limite de 60 € au maximum.
Les échantillons	La distribution gratuite d'échantillons est autorisée. Cependant, la mention « ne peut être vendu » ou « échantillon gratuit » doit figurer de façon lisible et indélébile sur l'échantillon.
Le produit en plus	La quantité normalisée et la quantité supplémentaire doivent être indiquées, soit en valeur absolue, soit en pourcentage.
Les réductions de prix	La revente à perte est interdite. Il y a revente à perte si le prix d'achat effectif est inférieur au prix de vente. Le prix d'achat effectif est le prix unitaire figurant sur la facture, majoré de la TVA, des taxes spécifiques concernant le produit et du prix de son transport.
Les ventes jumelées	La vente d'un produit ou d'une prestation de service ne peut être soumise à l'achat préalable d'autres produits, à l'achat d'une quantité imposée ou à la prestation d'un autre service. Le lot doit pouvoir être dissocié, le prix de chaque produit du lot doit être affiché.
Les offres de remboursement	Les modalités de l'offre doivent être clairement indiquées sur le produit, particulièrement toute restriction ou obligation à la charge de l'acheteur.
Les jeux et concours	Les loteries sont interdites lorsque les quatre éléments suivants sont réunis : espérance d'un gain, intervention du hasard, offre publique et participation financière. De plus, il ne doit pas y avoir d'obligation d'achat, les frais de participation doivent pouvoir être remboursés sur simple demande et le règlement complet doit être disponible sur demande.
Les cadeaux	Les cadeaux offerts aux clients sont autorisés si leur gratuité est totale.
La prime autopayante	L'achat d'un produit X donne la possibilité au consommateur d'obtenir un produit Y, éventuellement à prix réduit, mais sans qu'il y ait une revente à perte.

5 Les techniques d'animation du point de vente

Les promotions réalisées dans les points de vente sont d'autant plus efficaces qu'elles sont renforcées par des techniques d'animation.

1. La présentation des articles en promotion

Il faut choisir l'emplacement le mieux adapté pour que les promotions soient facilement visibles par les clients et puissent favoriser ainsi les achats d'impulsion. Les meilleurs emplacements sont traditionnellement les suivants :
- les têtes de gondole (TG) dans les supermarchés et les hypermarchés ;
- l'entrée des grandes surfaces ;
- les vitrines des petits commerçants.

2. Les animations

Le point de vente doit rester animé durant toute l'année (sonorisation, éclairage, décoration, signalétique...), mais des animations ponctuelles rythment parfois les événements commerciaux et les promotions :
- un animateur avec micro se promenant dans le magasin ;
- un animateur sur stand ou en tête de gondole avec dégustation gratuite de produits alimentaires ou distribution d'échantillons gratuits ;
- une exposition temporaire dans la galerie marchande ;
- un sommelier pendant les foires aux vins ;
- une personnalité ou célébrité dédicaçant son livre dans le point de vente ;
- la décoration et l'ambiance du magasin en accord avec un événement ou une fête (anniversaire du point de vente, Saint-Valentin, Noël...).

3. La PLV

La PLV (publicité sur le lieu de vente) permet de mettre en valeur les promotions et contribue à leur animation. Il existe de multiples supports qui remplissent ce rôle :
- l'affiche est suspendue au-dessus ou à côté du produit ;
- le kakémono est une banderole d'origine japonaise (souvent en carton) posée près du produit ou suspendue au-dessus ;
- le présentoir est posé au sol et contient les produits en promotion ;
- la vitrophanie se colle sur les vitrines ;
- le cache-palette se pose sur l'avant de la palette pour la masquer ;
- le stop-rayon est une affichette posée sur la réglette des étagères du rayon, dont le rôle est d'attirer le regard du client.

La PLV est souvent fournie par le fabricant du produit, rarement par le distributeur.

Exercice 1 *Mesurer la rentabilité d'une opération promotionnelle*

Vous effectuez une période de stage dans un supermarché à l'enseigne Bapri. Le responsable de ce point de vente, M. Rémy, envisage de réaliser une tête de gondole d'une durée d'une semaine sur les biscuits apéritif Crakou.
En rayon, le prix de vente TTC habituel de ce produit s'élève à 2,50 € avec un taux de TVA de 5,50 %. Les ventes moyennes hebdomadaires sont de 250 unités et la marge unitaire est de 0,60 €. Pendant l'opération, votre responsable compte diminuer le prix de vente de 20 %. Les ventes prévisionnelles seraient de 500 unités par semaine.
Votre responsable vous demande d'estimer la rentabilité de cette opération.

Travail à faire

1. Calculez le prix de vente HT, le taux de marque et la marge totale de ce produit hors promotion.
2. Calculez le prix de vente HT, le taux de marque et la marge totale de ce produit pendant la promotion.
3. L'opération promotionnelle est-elle rentable ? L'opération est-elle plus rentable pendant ou en dehors de la période promotionnelle ? Dans quels cas particuliers conseilleriez-vous à votre responsable de réaliser cette promotion ?
4. Votre responsable envisageait au départ une réduction du prix de vente de 30 %. Était-ce possible ? Justifiez votre réponse.
5. Calculez le nombre de paquets de biscuits qui doivent être vendus à la fin de l'opération pour atteindre le niveau de la marge hebdomadaire totale réalisée avant la promotion.

CORRIGÉ p. 145

Conseils

– Relisez le chapitre 13, sur le prix, avant de commencer l'exercice.
– Veillez à bien distinguer les calculs concernant la période promotionnelle de ceux concernant la période hors promotion.
– Les calculs à effectuer sont nombreux, aussi il est important de les faire d'abord au brouillon avant de les rédiger définitivement.
– Pensez à faire apparaître le détail de vos calculs.
– Présentez toujours le résultat de vos calculs en encadrant le résultat que vous avez obtenu.

Exercice 2 *Reconnaître la réglementation applicable*

Travail à faire

Après avoir identifié la technique de promotion décrite dans la colonne de gauche du tableau (document ci-dessous), vérifiez si celle-ci est licite ou illicite. Expliquez pourquoi la technique promotionnelle est licite ou illicite.

CORRIGÉ p. 146

Document : ***Licite ou illicite ?***

N°	Promotions	Licite	Illicite
1	Un fabricant de mousse à raser distribue gratuitement des échantillons sous la forme d'aérosols miniatures.		
2	Un fabricant de téléphone mobile rembourse 20 € sur un abonnement. Il est indiqué sur l'emballage de l'offre que le futur abonné doit s'engager pendant 24 mois.		
3	Un producteur de barres chocolatées vendues 2 € l'unité offre un stylo d'une valeur de 1 € pour tout achat d'une barre.		
4	Un magasin de prêt-à-porter revend au prix de 25 € un pantalon acheté préalablement 35 €, hors période de soldes.		
5	Un producteur de moutarde offre 20 % de produit en plus sur le pot de moutarde de 250 grammes.		
6	Une supérette envisage de mettre en place une loterie avec un gros lot de 15 000 € pour les clients qui effectuent des achats dans le point de vente.		
7	Une marque de shampooing propose un lot composé d'un shampooing et d'un après-shampooing au prix de 4 €. Dans le rayon, le prix de vente du shampooing seul est de 2,15 €, celui de l'après-shampooing de 2,50 €.		

Conseils

– Avant de répondre, relisez entièrement le paragraphe 4 de la partie théorique consacré à la réglementation des promotions.
– Ne répondez pas au hasard mais essayez plutôt de comprendre quelle technique de promotion est présentée.

18 L'entretien de vente

1 L'entretien de vente en face-à-face

La maîtrise de la relation de face-à-face est au cœur du métier de vendeur. L'acquisition de quelques techniques de base permet d'être plus efficace.

1. L'accueil et la prise de contact

a) **L'espace de vente**

L'accueil commence par l'**aspect de l'espace de vente** et le **choix des facteurs d'ambiance.** Le commerçant doit se poser ces questions :
– Mes vitrines sont-elles attractives ?
– La surface de vente et le mobilier sont-ils propres ?
– Les articles sont-ils bien rangés et présentés de façon attrayante ?

b) **Le vendeur**

• **La présentation**

Le vendeur doit garder à l'esprit qu'il n'a pas deux occasions de faire une première bonne impression ! L'accueil et la prise de contact se manifestent au travers d'un ensemble de signes verbaux et non verbaux qui favorisent ou perturbent cette phase. La présentation (coiffure, maquillage ou rasage...) et la tenue sont soignées et adaptées au point de vente.

• **La prise de contact**

Les vingt premières secondes du contact vendeur/client sont déterminantes. Elles doivent répondre à la **« règle des 4 × 20 »** :
– les **20 premiers pas** : le vendeur va à la rencontre du client, d'une démarche dynamique ;
– les **20 premiers mots** : le vocabulaire doit être positif (ex. : « Ce modèle vient juste d'arriver », « Je peux vous aider à trouver votre taille ? »). Il vaut mieux éviter les formules stéréotypées (ex. : « Que puis-je pour vous ? ») et plutôt inviter le client à découvrir l'espace de vente (ex. : « De ce côté, vous avez de superbes cravates qui viennent d'arriver ! ») ;
– les **20 premiers centimètres du visage** : le vendeur est souriant, son regard est franc et direct ;
– les **20 premiers gestes** : ils sont naturels et ouverts.

La prise de contact est un moment délicat car le client veut être libre de regarder, de circuler et de toucher, tout en ayant besoin qu'on s'occupe de lui. Le vendeur doit donc trouver une juste mesure.

2. La recherche des besoins et des motivations

La réussite de l'entretien de vente tient en grande partie à la qualité de la recherche des besoins et des motivations. Cette recherche doit donc être particulièrement soignée.

Les techniques de l'**écoute active**, de l'**empathie** et du **questionnement** favorisent la découverte des besoins et des motivations du client. Il s'agit de décoder le langage verbal et non verbal, d'aller au-delà de la simple formulation d'un besoin (ex. : acheter un meuble, une voiture...) pour découvrir ses véritables attentes. Par exemple, une personne qui désire acheter une nouvelle voiture ne cherche pas seulement un moyen de se déplacer. Le vendeur doit découvrir toute la valeur symbolique que le client attache à son véhicule : le prestige, la sécurité, l'originalité...
La **reformulation** permet de « verrouiller » cette étape en s'assurant d'avoir bien compris les attentes du client, pour poursuivre ensuite sur la proposition commerciale.

3. La présentation de l'offre

De tout son assortiment de produits, le vendeur doit retenir celui ou ceux qui correspondent aux mobiles d'achat principaux du client. Il est préférable de ne pas lui présenter un échantillon trop large de produits. Deux ou trois suffisent généralement afin d'orienter la décision d'achat.

4. L'argumentation et la démonstration

Argumenter ne veut pas dire énumérer les caractéristiques du produit, même les plus déterminantes. Il faut plutôt en choisir quelques-unes en fonction du client et les valoriser. L'argumentation prend appui sur une bonne connaissance de ses besoins et doit, pour convaincre, être adaptée à l'interlocuteur. Le vendeur doit persuader son client que seul son produit est apte à répondre à ses attentes.
Une façon efficace de structurer un argument est de respecter la forme **CAP** :
– **Caractéristiques** : on retient quelques caractéristiques techniques ou commerciales ;
– **Avantages** : le vendeur « traduit » ces caractéristiques en avantages pour le client. Autrement dit, il répond implicitement à la question : « Qu'est-ce que vont concrètement m'apporter ces caractéristiques dans l'utilisation que je vais faire du produit ? » ;
– **Preuves** : il propose un essayage (ex. : vêtement, chaussures), un essai (ex. : voiture, machine), une démonstration, un comparatif (ex. : un comparatif établi par un organisme indépendant, tiré d'un magazine spécialisé...).

5. Le traitement des objections

a) **Principes généraux**

Dès que le vendeur a avancé ses arguments (parfois un seul), le client exprime son point de vue. Généralement, il s'agit d'une opposition. Le vendeur ne doit pas considérer cette phase comme une entrave, mais comme

une étape nécessaire. L'objection est l'expression d'un intérêt pour le produit. Son absence peut au contraire être le signe d'un désintérêt profond.
La première démarche est de laisser le client exprimer l'objection jusqu'au bout, voire de la relancer. L'objectif est de découvrir au maximum les freins à l'achat. Dans un deuxième temps, le vendeur reformule l'objection calmement et sans montrer d'opposition, en manifestant de l'intérêt pour celle-ci (même s'il l'entend dix fois par jour).

b) **Le traitement de l'objection**

Le vendeur doit d'abord identifier la nature de l'objection, puis adapter sa façon de répondre.

<table>
<tr><th>Nature de l'objection</th><th>Objection</th><th>Traitement de l'objection</th></tr>
<tr><td>Objection prétexte ou « fausse barbe »</td><td>« Je vais réfléchir. »
« Je vais en parler à ma femme. »
Analyse : le client ne souhaite pas encore acheter. Le vendeur approfondit l'objection par un questionnement.</td><td>Approfondissement de l'objection
Cette technique permet souvent de découvrir l'objection réelle : « Quelles sont les informations qui pourraient vous aider dans votre réflexion ? »</td></tr>
<tr><td rowspan="4">Objection sincère</td><td>Fondée</td><td rowspan="4">Trois techniques possibles, quelle que soit l'objection :
– Technique « Oui, mais... » :
« La couleur est claire, mais ce canapé est traité antitache... »
Le vendeur reçoit l'objection, puis apporte un argument complémentaire.
– Technique de l'affaiblissement :
le vendeur diminue l'importance de l'objection, la reformule et poursuit son argumentation :
« Le prix est justifié par la qualité » ou « Ce qui compte, ce n'est pas ce que cela coûte aujourd'hui, mais c'est ce que vous allez économiser à l'usage. Je vais d'ailleurs vous le démontrer. »
– Technique de l'appui : le vendeur transforme l'objection en argument :
« Regardez, bien au contraire, les lave-vaisselle actuels consomment seulement 14 à 17 litres d'eau par lavage, soit beaucoup moins que pour un lavage à la main ! »</td></tr>
<tr><td>« Cette couleur me plaît, mais elle est trop salissante. »
« C'est plutôt cher ! »
Analyse : le client souligne avec justesse la faiblesse d'une caractéristique du produit.</td></tr>
<tr><td>Non fondée</td></tr>
<tr><td>« Avec un lave-vaisselle, qu'est-ce qu'on consomme comme eau ! »
Analyse : le client exprime une opinion basée sur des idées reçues.</td></tr>
</table>

6. La conclusion de la vente

Le vendeur doit interpréter les signaux qu'émet le client indiquant qu'il est proche du moment de prendre sa décision. S'il ne les repère pas, il risque de perdre la vente, laissant seul le client face au stress de l'achat. Ces signaux peuvent être verbaux, c'est-à-dire exprimés, ou non verbaux, liés à l'attitude, la gestuelle...

Signaux verbaux
– Le client pose des questions sur des détails. – Il négocie un avantage supplémentaire. – Il s'imagine comme possesseur (ex. : pour l'achat d'un ordinateur portable : « Je vais pouvoir rentabiliser le temps que je passe dans le train... »).
Signaux non verbaux
Le client prend l'article en main, le manipule. Il se détend et sourit.

Une fois ces signaux repérés, la phase de conclusion peut commencer. Plusieurs méthodes sont alors possibles :
– l'**alternative** : inciter le client à choisir entre deux articles, alors qu'il n'a pas exprimé sa décision (ex. : « Vous prenez le rouge ou le bleu ? ») ;
– le **meilleur pour la fin** : présenter un argument décisif pour provoquer la décision (ex. : « Pour le lancement de ce nouveau modèle, vous bénéficiez d'une remise de 15 % ») ;
– **maintenant ou jamais** : accélérer la décision en proposant un avantage dont le client bénéficiera en prenant sa décision immédiatement (ex. : « Ce sont nos derniers modèles. Vu le succès, ils devraient partir vite »).

7. La vente additionnelle et/ou celle d'un service associé

Le vendeur peut proposer une vente additionnelle et/ou un service associé lorsque la vente principale est conclue, ou l'introduire lors de la présentation du produit principal. Il peut, par exemple, présenter cette offre comme une simple suggestion (ex. : prolongation de garantie).

8. L'encaissement et la prise de congé

L'encaissement nécessite le respect d'une série de contrôles (ex. : vérification de l'exactitude des informations mentionnées sur le chèque, contrôle d'une ou de deux pièces d'identité...) pour garantir le contenu de la transaction et limiter les impayés.

La prise de congé doit être elle aussi soignée. Elle contribue à rassurer le client sur la qualité de son choix et à le fidéliser. Il faut donc respecter les règles suivantes : accompagner le client jusqu'à la caisse, rester disponible et attentif, sécuriser ou féliciter le client pour son achat (ex. : « Ce coordonné vous va vraiment très bien »).

2 L'entretien téléphonique

La prise de rendez-vous, la prospection téléphonique, la prise de renseignements..., les occasions sont nombreuses d'utiliser le téléphone.
La communication téléphonique nécessite une bonne préparation et l'emploi de techniques précises car toute la communication est axée sur l'écoute.

1. Conseils généraux

Les conseils suivants permettent de rendre l'entretien plus efficace :
– préparer un plan d'appel : il convient de préparer ce que l'on va dire, les idées principales classées dans l'ordre ;
– avoir tous les documents utiles à portée de main ;
– soigner sa diction et son débit ;
– sourire (le sourire s'entend), être calme et courtois ;
– personnaliser l'appel : utiliser régulièrement le nom de la personne au cours de l'entretien, soigner l'écoute ;
– prendre des notes (prévoir un bloc-notes) ;
– raccrocher délicatement.

2. La réception d'appel

Dans le cas où l'entreprise reçoit un appel, les conseils suivants favorisent une communication plus efficace et renforcent l'image de l'entreprise :
– décrocher à la deuxième ou troisième sonnerie ;
– se présenter clairement et précisément (prénom, nom ou prénom seul puis service), ensuite saluer (ex. : « Société X, Stéphane, responsable rayon Bazar, bonjour » ou « Société X, Stéphane à votre service... Bonjour madame ») ;
– repérer l'objectif de la communication, noter les points principaux ;
– saluer (ex. : « Au revoir monsieur ») ;
– noter la suite à donner à la conversation.

3. L'émission d'appel

Lorsque le vendeur a l'initiative de l'appel, il convient de suivre ces conseils :
– prévoir le plan d'appel, les objections éventuelles (dans le cas d'une téléprospection, par exemple) ;
– saluer et se présenter de façon complète (prénom, nom, entreprise, éventuellement fonction) ;
– vérifier l'identité de son correspondant s'il ne s'est pas présenté ;
– exposer le but de l'appel ;
– conclure éventuellement en rappelant ce qui a été convenu ;
– remercier et saluer.

Exercice ***Concevoir un argumentaire et répondre aux objections***

Vous êtes recruté(e) au rayon Hi-fi-son d'un hypermarché.
Vous préparez votre argumentaire à partir des fiches techniques des fournisseurs.

Travail à faire

1. À partir de la fiche produit concernant le lecteur MP3 Sony (document ci-dessous), formulez trois arguments.

2. Un client se présente pour acheter un baladeur MP3 à son fils. Son fils télécharge de la musique sur Internet *via* des sites payants. Répondez aux objections suivantes en utilisant les méthodes suggérées.

a) Objection sincère et fondée : « C'est beaucoup plus cher qu'un Walkman lecteur CD ! » Utilisez la technique du « oui, mais » et la technique de l'affaiblissement.

b) Objection sincère et non fondée : « Et lui qui avait acheté des centaines de CD, ils sont inutilisables ! » Servez-vous de la technique de l'appui.

CORRIGÉ p. 146

ENTRAÎNEZ-VOUS

Document : ***Le baladeur lecteur/enregistreur Sony MZ-NH600***

249,90 €
Garantie : 2 ans
Livraison : 3 à 7 jours

Jusqu'à 45 h de musique sur un disque HI-MD d'1 Go !
Transfert direct et ultra rapide × 100 des fichiers PC sur Minidisc par port USB. Compatible MP3-WMA. Possibilité de stocker des données informatiques sur un disque HI-MD. Système antichoc Jog Proof. Mode MD long play.
Entrées analogique et numérique optique compatibles avec les supports MD traditionnels.
Livré avec écouteurs stéréo et kit de connexion PC (logiciel SonicStage + câble USB).
L/H/P : 8,3 × 7,7 × 2,8 cm. 101 g. Coloris silver

Catalogue CAMIF, www.camif.fr

Conseils

– Pour la question 1, présentez les arguments en suivant la structure CAP (caractéristiques, avantages, preuves). Vous pouvez aller plus loin en personnalisant les arguments selon les mobiles d'achat (SONCAS).
– Faites appel à vos connaissances personnelles sur ce type de produit et sur des technologies voisines.

19 La satisfaction et la fidélisation du client

1 La satisfaction du client

La satisfaction du client fait partie d'une démarche de qualité visant non seulement à répondre à ses attentes, mais aussi à le fidéliser, voire à anticiper ses besoins.

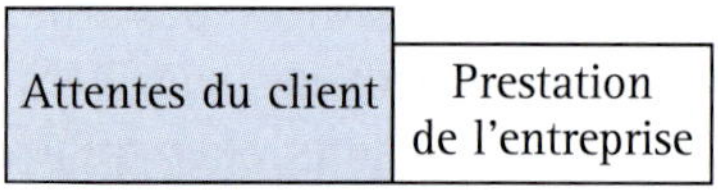

Lorsque les attentes sont supérieures à la prestation, le client est **insatisfait**.

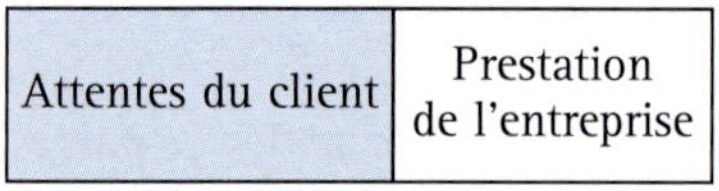

Lorsque les attentes et la prestation sont équivalentes, le client est **satisfait**.

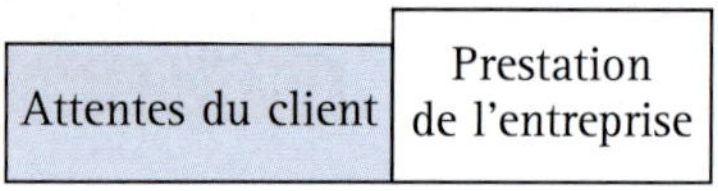

Lorsque la prestation est supérieure aux attentes, le client est **enchanté**.

Le degré de satisfaction de la clientèle peut être mesuré à l'aide d'enquêtes de satisfaction, de visites de clients mystères (enquêteurs anonymes qui jouent le rôle d'un client pour évaluer l'accueil et la performance d'un point de vente), de la mesure du taux de clients perdus et de l'analyse des suggestions et des réclamations exprimées par les clients.

2 La fidélisation du client

Fidéliser la clientèle du point de vente est une opération moins coûteuse que la conquête de nouveaux clients. De plus, un client fidèle est rentable car il recrute de nouveaux clients et consomme plus qu'un client quelconque. La fidélisation du client est encore plus efficace si elle s'inscrit dans une approche globale, concernant l'ensemble du personnel et des services du point de vente. Par exemple, une enseigne qui propose des cartes de fidélité à ses clients peut voir ses efforts réduits à néant si l'accueil proposé dans les magasins n'est pas à la hauteur de leurs attentes.
Parmi l'ensemble des outils de fidélisation, on trouve :
– les cartes de fidélité ;
– les clubs de clientèle ;
– les magazines de consommateurs ;
– les programmes de fidélité ;
– les sites Internet.

Exercice ***Mesurer la satisfaction de la clientèle***

Travail à faire

À partir du document ci-dessous, répondez aux questions suivantes.

1. Expliquez la relation entre satisfaction et fidélité, puis la relation entre fidélité et rentabilité.

2. Quel est le rôle de l'enquête de satisfaction ?

3. Sur quelles actions doit-elle déboucher pour être réellement efficace ?

4. Citez d'autres dispositifs de mesure de la satisfaction susceptibles de venir compléter l'enquête de satisfaction.

CORRIGÉ p. 147

Document : ***Plus de qualité pour les enquêtes de satisfaction***

Les enquêtes de satisfaction au cœur des nouvelles normes ISO

Il existe aujourd'hui un consensus [...] sur l'importance de la satisfaction des clients. En effet, les impacts entre satisfaction et fidélité d'une part et fidélité et rentabilité d'autre part ont été prouvés par plusieurs études, même s'ils n'avaient pas besoin de l'être, tellement ils semblent évidents. Car, comme nous l'avons tous expérimenté (du côté fournisseur ou du côté client), un client mécontent a tendance à communiquer beaucoup plus sur son insatisfaction qu'un client content ne le fait sur sa satisfaction. De plus, il est clair qu'il est bien plus difficile et beaucoup plus coûteux de gagner de nouveaux clients que de conserver les anciens.

L'enquête de satisfaction est l'outil idéal pour recueillir de manière objective l'avis des clients sur les produits et services de la société. Ces remontées d'informations permettent d'identifier des priorités d'amélioration et de les hiérarchiser pour agir efficacement sur les sources d'insatisfaction. [...] L'objectivité de ces mesures doit aboutir notamment à la sensibilisation du personnel et encourager sa participation aux actions d'amélioration. [...] Bien entendu, l'enquête de satisfaction n'est pas la seule source d'informations sur les attentes des clients. Elle doit s'inscrire dans un dispositif plus large permettant d'apprécier la qualité des produits et services fournis par rapport aux besoins du marché.

http://www.surveystore.info

Conseils

– Pour les trois premières questions, servez-vous des informations contenues dans le document.

– Pour la dernière question, relisez bien la partie théorique avant de répondre.

20 L'approvisionnement, la commande, le réassortiment

1 L'approvisionnement

1. Les modes d'approvisionnement

a) Les différents modes d'approvisionnement

– L'approvisionnement direct : fournisseur → magasin.

– L'approvisionnement indirect : fournisseur → entrepôt, plate-forme → magasin.

b) Les critères de choix d'un circuit d'approvisionnement

	Produits		Formes de commerce	
	Circuit direct	Circuit indirect	Circuit direct	Circuit indirect
Types	Fruits et légumes, produits bio, locaux, régionaux.	Produits importés.	Commerce indépendant.	Enseignes intégrées, franchisées.
Critères	Délais courts, faibles volumes, fiabilité du transport.	Délais longs, fiabilité aléatoire du transport.	Faibles volumes, choix des fournisseurs.	Réduction des stocks, conditions d'achat.

2. Le choix des fournisseurs

a) Les critères de choix des fournisseurs

La sélection des fournisseurs est fondée sur les critères suivants :

La fiabilité	Respect des dates de livraison, capacité d'adaptation, de production.
Les conditions d'achat	Quantités, qualités, prix, délais de paiement...

b) Les modalités de référencement d'un nouveau produit

Le référencement consiste à intégrer un nouveau produit dans un assortiment et suit les étapes suivantes :

Repérer l'évolution des tendances du marché, les nouveaux produits

↓

Définir les caractéristiques des marchandises et les conditions d'achat (prix, quantités, délais, qualités)

↓

Constituer l'offre du point de vente

2 La préparation de la commande

1. Le cadencier

Ce document, informatisé ou non, permet de calculer les quantités à commander. Il présente l'état du stock, les commandes et les ventes.

Produits	Réf.	Semaine 1			Semaine 2			Semaine 3		
		S	C	V	S	C	V	S	C	V
Jus d'orange	403 412	62	105	145	22	150	141	31	120	123
S = stock C = commande V = vente										

2. Les conditions de commande

Elles dépendent :

– **de la date de commande** : elle est fonction du délai d'approvisionnement du fournisseur, de l'état du stock et de la date de livraison déterminée par le fournisseur ou la plate-forme. Les commandes seront plus fréquentes si le magasin s'approvisionne en flux tendu ;

– **des quantités à commander** : elles sont déterminées en fonction du niveau des stocks (en rayon et en réserve) et des prévisions des ventes (qui tiennent compte de la saisonnalité, des semaines de forte activité et des offres promotionnelles).

3. Le traitement de la commande

Les commandes s'effectuent par courrier, par téléphone (avec une confirmation écrite au fournisseur), par télécopie ou par Internet.

3 Le réassortiment

Le réassortiment se décompose en deux phases :

Phase 1 : la préparation du réassortiment	
Étape 1	Retirer les produits impropres à la vente (périmés, détériorés...).
Étape 2	Noter pour chaque référence la quantité à aller chercher en réserve.
Phase 2 : la rotation des produits	
Étape 1	Aller chercher les produits en réserve à l'aide du matériel autorisé.
Étape 2	– Mettre les produits en rayon suivant le plan d'implantation (planogramme). – Effectuer la rotation des produits. Mettre en avant les produits dont la DLC (date limite de consommation) est la plus courte.

Exercice 1 *Exploiter des données fournisseurs*

Vous effectuez une période de formation dans une enseigne du commerce alimentaire de gros pour les professionnels. Le responsable du secteur Fruits et légumes vous confie l'approvisionnement et le réassortiment du rayon Tomates.

L'entreprise travaille avec trois fournisseurs sur ce marché. Elle s'approvisionne auprès de la centrale d'achats mais aussi en direct auprès de fournisseurs locaux. Il est vendu en moyenne 5 tonnes de tomates par semaine.

Travail à faire

Choisissez le fournisseur de tomates adapté aux besoins de l'entreprise à partir des informations transmises (document ci-dessous). Justifiez votre réponse.

CORRIGÉ p. 147

Document : ***Mise en concurrence de plusieurs fournisseurs***

	Centrale	Primevert, fournisseur local	Durand frères, fournisseur local
Code	478501	478501	478501
Catégorie	157 +	157 +	157 +
Origine	Import	Import	Import
Unité de vente	6 kg	6 kg	6 kg
Prix d'achat HT au kg	0,70 €	0,72 €	0,71 €
Frais de port au kg	0,035 €	0,011 €	0,011 €
Spécificités	Commande avant 11 h chaque jour, livraison le lendemain.	Commande avant 11 h chaque jour, livraison le lendemain.	Commande journalière avant 11 h, livraison le lendemain. Frais logistiques offerts à partir d'une tonne achetée.

Conseils

– Analysez avec attention chaque critère.

– Repérez les spécificités des fournisseurs et rapprochez-les des contraintes de votre rayon.

Exercice 2 *Passer des commandes et réassortir le rayon*

Vous êtes stagiaire au rayon Fruits et légumes d'un hypermarché de la ville de Valence. Le lundi 6 août N, le responsable du rayon fait le point avec vous sur les ventes de pêches de la semaine dernière (document ci-dessous).

Travail à faire

1. Déterminez les quantités à commander le lundi 6 août.
2. Un camarade, stagiaire avec vous dans le magasin, souhaite commander 1 250 kg pour la commande du jeudi 9 août. Que pensez-vous de son calcul ? Justifiez votre réponse et détaillez votre calcul.

CORRIGÉ p. 148

Document : ***Consignes du chef de rayon***

Il faut commander aujourd'hui avant 11 h pour être livré demain matin. J'ai un stock ce matin de 400 kg à l'ouverture du magasin. Il faudra sortir des réserves 200 kg de pêches mardi matin. Je vous ai édité les ventes de la semaine dernière et celles de l'année dernière pour la semaine concernée.
Il faudra aussi prévoir la quantité à commander jeudi matin, le 9. Le festival a lieu comme chaque année le week-end prochain, sur trois jours. Les touristes arrivent dès vendredi matin. Pensez à consulter les ventes de l'année dernière. Partez du principe que le stock restant jeudi matin est de 500 kg. Il faudra tenir jusqu'à lundi soir.

Extrait du cadencier des ventes de pêches du lundi 30 juillet année N					
Lundi	Mardi	Mercredi	Jeudi	Vendredi	Samedi
200 kg	400 kg	280 kg	500 kg	500 kg	550 kg

Extrait du cadencier des ventes de pêches du lundi 8 août année N–1					
Lundi	Mardi	Mercredi	Jeudi	Vendredi	Samedi
200 kg	400 kg	280 kg	500 kg	1 000 kg	1 200 kg

Conseils

– Lisez attentivement les consignes et repérez toutes les informations utiles.
– Soyez attentif/-ive aux conditions de commande (ex. : événement) lors du réassortiment afin de calculer les quantités exactes à commander.

21 La réception

1 Les opérations de réception

La réception des colis et des marchandises est une étape importante qui permet de vérifier la conformité de la livraison par rapport à la commande et de dégager la responsabilité du distributeur. Elle fait généralement l'objet d'une procédure rigoureuse.

1. Le contrôle

a) La procédure à suivre

Le contrôle s'effectue en deux étapes successives.

Étape 1 : contrôle des colis	
Document utilisé	Bon de livraison (si le transporteur est le fournisseur) ou bordereau d'expédition (transporteur indépendant).
Personnes concernées	Réceptionnaire ou magasinier et livreur.
Types de contrôle	– Quantitatif : nombre de colis réceptionnés = nombre de colis indiqués sur le bon de livraison ou bordereau d'expédition. – Qualitatif : état extérieur et désignation du destinataire.
Étape 2 : contrôle de la marchandise	
Documents utilisés	Bon de commande et bon de livraison.
Personnes concernées	Chef de rayon et livreur (éventuellement).
Types de contrôle	Quantitatif : nombre de produits livrés = nombre de produits commandés. Qualitatif : état marchand et conformité des produits.
Formalités au départ du livreur	
– Le bon de livraison (ou le bordereau d'expédition) est signé et daté. – Les décisions liées aux anomalies sont notées. – Si le livreur n'assiste pas au contrôle de la marchandise : la mention « sous réserve de déballage » est écrite sur le bordereau d'expédition ou le bon de livraison. – Un double du document est donné au livreur, l'original est conservé par le magasin.	

b) Les critères de qualité en matière de livraison-réception

De plus en plus de distributeurs signent des chartes de qualité avec les transporteurs afin d'améliorer les points suivants :
- les conditions d'accueil des chauffeurs ;
- le respect des délais ;
- la qualité des installations ;
- la sécurité des personnes et des biens ;
- la circulation de l'information.

2. Les anomalies

La responsabilité des personnes concernées :

Responsabilité	Types de défaut	Conséquences
Fournisseur	Défaut de fabrication.	Produits impropres à la vente.
	Défaut de conditionnement.	Quantités non conformes.
	Inversion de produits.	Retour de marchandises.
Transporteur	Détérioration dans le transport.	Produits impropres à la vente.
	Défaut quantitatif (marchandise manquante).	Quantités non conformes.
	Défaut de température.	Produits impropres à la vente.

L'ensemble des anomalies donnera lieu à la demande d'un avoir.

3. Les réclamations

Selon la présence ou non du livreur, la procédure de réclamation est différente.

Situations	Démarches
Présence du livreur	Émettre des réserves sur l'état des colis ou refuser tout ou partie de la livraison en inscrivant le(s) colis et le(s) produit(s) concerné(s) sur le bon de livraison ou le bordereau d'expédition.
Absence du livreur	Confirmer les anomalies par écrit (fax) dans les délais imposés. (Le délai légal est de trois jours.)

4. La protection contre le vol

Elle peut s'effectuer par apposition d'étiquettes antivol ou par conditionnement du produit sous boîtiers antivol (blisters).

5. Le stockage des produits

L'affectation des produits dans la zone de stockage tient compte :
- de la fréquence de réassortiment ;
- de la nature du produit et de sa conservation dans le respect des règles d'hygiène (produits frais, périssables...). Ex. : les produits surgelés seront stockés dès réception dans la réserve de froid négatif pour éviter la rupture de la chaîne du froid ;
- du matériel de manutention disponible (chariot, transpalette, casier à roulettes, diable...) ;
- du sens de circulation dans la réserve ;
- du poids et de la dimension du produit.

2 L'information sur les produits

Elle est obligatoire et permet :
– au consommateur d'être informé (prix, date limite de vente, composition) ;
– au distributeur d'optimiser l'organisation du stockage, la présentation à la vente et l'encaissement.
Elle est effectuée par deux opérations : le codage et l'étiquetage.

1. Le codage des produits

Par le fabricant ou le distributeur (marque propre)	Au moyen du GENCOD (code-barres), codification internationale à 13 chiffres : 3 285747 123654 7 3 → Indicatif du pays ; 285747 → Code fabricant ; 123654 → Code produit ; 7 → Clé de contrôle
Par le magasin	Codage spécifique à chaque magasin intégrant des informations complémentaires : désignation, date de réception, marque, fournisseur..., qui sont enregistrées dans un fichier informatique permettant le référencement des produits et l'information rapide des clients.

2. L'étiquetage

a) **L'étiquetage du produit**

• **Les mentions obligatoires**

L'étiquette d'un produit doit porter les mentions suivantes :

Types de produits	Mentions obligatoires
Tous les produits	La dénomination de vente, la **quantité nette**, l'origine du produit, les coordonnées du fabricant.
Les produits alimentaires	Mentions obligatoires supplémentaires : la composition, la date et les conditions de conservation, le numéro de lot de fabrication, le certificat vétérinaire.
Les jouets, produits électroménagers...	Mentions obligatoires supplémentaires : le mode d'emploi et les conseils d'utilisation, les normes...

Les mentions sur l'étiquette seront :
– inscrites en langue française ;
– visibles, lisibles et indélébiles.

• Les mentions facultatives

Les principales mentions facultatives que l'on trouve sur les emballages sont les suivantes :

– **l'AOC (appellation d'origine contrôlée)** : elle garantit une spécificité de l'aliment liée à un **terroir** et à un **savoir-faire local** ;

– **le Label rouge** : il garantit la qualité supérieure du produit qui est contrôlé à tous les stades : production, élaboration et commercialisation du produit ;

– **l'Agriculture biologique (AB)** : au moins 95 % des ingrédients du produit sont issus d'un mode de production utilisant des substances non synthétiques ;

– **le certification de conformité** : le produit possède des qualités ou suit des règles de fabrication particulières, strictement contrôlées ;

– **le point vert** : le fabricant participe à un programme de collecte et tri des déchets d'emballage en vue du recyclage ;

– **l'AOP (appellation d'origine protégée)** : elle est le label européen correspondant à l'AOC française ;

– **l'IGP (indication géographique protégée)** : elle indique que le produit vient d'un lieu déterminé.

b) L'étiquetage du prix

Principes

Le consommateur doit pouvoir :

– comparer les prix des produits ;

– connaître le prix à payer TTC en euros sans avoir à le demander ;

– identifier clairement les éléments d'une prestation de service complémentaire qui n'est pas incluse dans le prix initial.

Produit	Service
Le prix est indiqué sur le produit lui-même au moyen d'une étiquette ou d'un écriteau placé à proximité. Le prix à l'unité de mesure (kg, litre) est obligatoire pour les produits préemballés.	Affichage de la liste des prestations : sur un document unique avec le prix détaillé de chaque prestation sur le lieu d'accueil de la clientèle et visible par le public.

3. La DGCCRF et la protection du consommateur

La DGCCRF (Direction générale de la concurrence, de la consommation et de la répression des fraudes) est une administration qui protège au quotidien les consommateurs contre les produits et services dangereux, ce qui implique l'élaboration de règles, des contrôles et des sanctions éventuellement prononcées par les tribunaux.

Exercice 1 *Effectuer le contrôle des livraisons*

Vous êtes stagiaire dans un magasin de sport à Pézenas. Le gérant vous charge de réceptionner et de contrôler les colis et les marchandises.
Dans la réserve, sont affichées les consignes des fournisseurs à suivre lorsque le réceptionnaire du magasin constate des anomalies sur les colis et les marchandises reçus.

Travail à faire

À l'aide des consignes (document ci-dessous), indiquez la procédure à adopter :

a) si vous recevez un colis mouillé du fournisseur Adis ;

b) si vous constatez qu'il manque dans un colis deux articles référence 4678 de la marque Lota alors que trois articles référence 4683 sont excédentaires.

CORRIGÉ p. 148

Document : ***Consignes des fournisseurs***

Situations	Fournisseur Adis	Fournisseur Lota
Produits manquants ou excédentaires ou défectueux	– Faire une déclaration de litige envoyée par courrier électronique. – Produits manquants : envoyés dès disponibilité. – Produits excédentaires ou défectueux : repris à la prochaine livraison par le transporteur Carier.	– Remplir le bon d'anomalie et l'envoyer par fax. – Produits manquants : envoyés à la prochaine commande. – Produits excédentaires ou défectueux : retournés par le livreur de Lota.
Colis défectueux	– Refuser les colis défectueux. – Signaler l'anomalie sur le bordereau d'expédition. – Confirmer l'anomalie par lettre recommandée au transporteur Carier.	– Inscrire l'anomalie constatée : nature et numéro du colis sur le bon de livraison. – Confirmer par lettre recommandée à Lota.

Conseils

– Procédez par étapes : différenciez le contrôle des colis et des produits.
– Repérez la nature du litige puis identifiez la procédure adaptée au litige.

Exercice 2 *Coder et étiqueter les produits*

Le 12 août N, afin d'attirer votre attention sur l'importance d'un bon étiquetage, le responsable du magasin où vous êtes stagiaire vous demande d'effectuer l'étiquetage des produits reçus (document 1 ci-dessous). Il vous demande d'être particulièrement attentif/-ive au calcul du prix de vente.

Travail à faire

Réalisez l'étiquette des produits à l'aide du modèle (document 2 ci-dessous), sachant que le magasin applique un coefficient multiplicateur de 1,8.

CORRIGÉ p. 148

Document 1 : ***Produits reçus***

– GENCOD : 3 123589 4563 7, pull taille 3, fournisseur Lota, marque Cigogne, prix d'achat : 9,50 €.
– GENCOD : 3 458756 2589 2, pantalon XL, fournisseur Adis, marque Panthère, prix d'achat : 10,80 €.

Document 2 : ***Modèle d'étiquette***

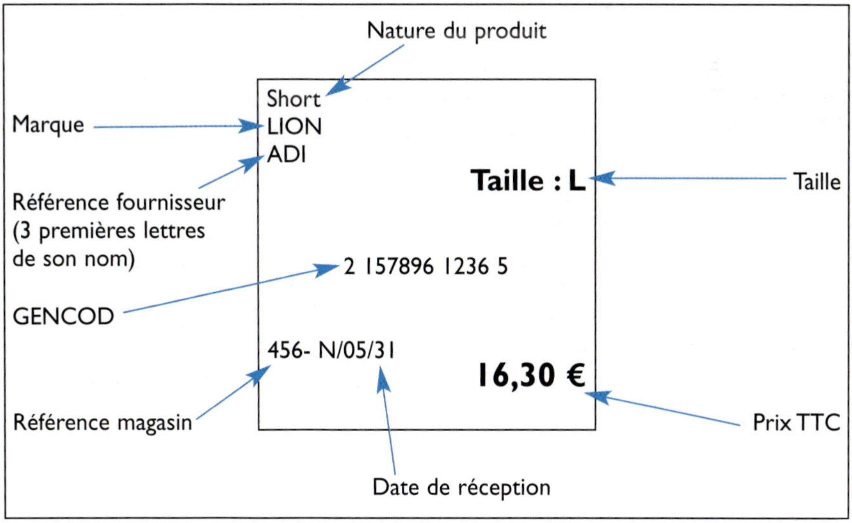

Conseil

Pensez à calculer le prix de vente TTC avant de réaliser l'étiquette.

22 L'inventaire, la démarque

1 Le rôle de l'inventaire

L'inventaire permet de **contrôler la gestion du point de vente par le calcul de la marge brute**, d'**évaluer le stock réel** en quantité et en valeur et de **déterminer la démarque inconnue.**
Marge brute = (CA HT – coût d'achat HT) + **(stock final – stock initial)**

2 Les différents types d'inventaire

L'inventaire physique des stocks consiste à compter toutes les marchandises présentes dans le magasin (surface de vente, réserve) :
– périodiquement (de façon annuelle, trimestrielle, mensuelle) ;
– ponctuellement par rayon (**inventaire tournant**).

3 Les obligations légale et comptable

Obligation légale	L'inventaire a lieu au moins une fois par an et est imposé à tous les commerçants par le Code du commerce (Code de commerce, article 9).
Obligation comptable	L'inventaire est effectué à la fin de l'exercice comptable (un an). Le stock figure au bilan.

4 Les étapes

Étape 1	Choisir une date.
Étape 2	Arrêter les mouvements de marchandises.
Étape 3	Préparer les lieux de stockage.
Étape 4	Préparer le matériel (chariots, documents de comptage).
Étape 5	Former le personnel.
Étape 6	Compter et inscrire les quantités sur les documents de comptage.
Étape 7	Contrôler et centraliser les documents de comptage.

5 La démarque

C'est la différence entre le stock théorique (stock de départ + entrées – sorties) et le stock réel évalué par inventaire. On l'appelle aussi « différence d'inventaire ».

On distingue la démarque connue de la démarque inconnue.

Démarque connue	Démarque inconnue
• **Démarque connue volontaire :** les promotions, les soldes, l'alignement des prix sur la concurrence. • **Démarque connue involontaire :** – la casse (produits périmés, impropres à la consommation). Elle doit être enregistrée dans un cahier de casse ; – la maladresse ou malveillance des clients (consommation sur place et vol constaté, mauvaise manipulation) ; – le taux de démarque (montant de la démarque / CA × 100) est important dans les produits frais.	On ne maîtrise pas l'origine de cette démarque : – vols (clients, personnel) ; – erreurs administratives (bon de commande mal rempli) ; – contrôle insuffisant de la démarque connue (ex. : négligence dans l'enregistrement de la casse).

Les moyens de lutte contre la démarque connue involontaire et la démarque inconnue sont les suivants :

Étapes	Moyens
À la commande	Commande informatisée et transmise par EDI (échange de données informatisées).
À la réception	Aire dégagée, planning à jour, contrôles qualitatif et quantitatif, tenue du cahier de casse, formation du personnel, respect de la chaîne du froid.
Pendant le stockage	Organisation de la zone de stockage, accès permanent aux produits, tenue du cahier de casse.
Sur la surface de vente	Antivol, portiques, vitrines, étiquettes, miroirs, vidéo-surveillance, personnel de surveillance. Gestion rigoureuse des dates de consommation.
À la caisse	Contrôle des chariots et des sacs. Surveillance.

Le déréférencement de produits trop souvent périmés avant la vente peut parfois être une solution.

6 La surmarque

C'est la marge supplémentaire réalisée grâce à de meilleures conditions d'achat ou des prix de vente plus élevés. Elle peut avoir des effets positifs de compensation sur la démarque.

Exercice 1 *Exploiter les résultats de l'inventaire*

Vous êtes employé(e) chez un grossiste de matériel. Votre responsable vous demande, dans un premier temps, d'analyser les résultats de l'inventaire physique que vous avez réalisé sur des ampoules électriques 40 watts, à vis, diamètre 50 mm, de la marque Brillance. Votre stock réel (réserve + rayon) est de 98 ampoules. Votre fiche de stock informatisée indique que vous possédez un stock initial de 50 ampoules et que vous avez acheté depuis le dernier inventaire 1 200 ampoules au prix d'achat unitaire HT de 3 €. Le chiffre d'affaires dégagé sur ces ventes est de 4 040 €, pour un PV HT unitaire de 4 €, soit 1 010 ampoules vendues. Votre cahier de démarque signale 42 ampoules cassées. Votre responsable s'interroge aussi sur l'augmentation de la démarque inconnue dans la grande distribution.

Travail à faire

1. Calculez le stock théorique en unité et en valeur de stock (1 unité représente 1 ampoule).
2. Déterminez le montant de la démarque inconnue en prix d'achat.
3. Calculez la marge brute en valeur et le taux de marque.
4. Calculez la marge brute en valeur et le taux de marque si vous n'aviez pas eu de casse.
5. À l'aide du document ci-dessous, citez des moyens pour lutter contre la démarque inconnue.

CORRIGÉ p. 149

Document : ***Entretien avec R. Firaz, directeur d'un hypermarché***

Quels sont vos moyens de lutte contre la démarque inconnue ?
R. Firaz : Nous utilisons des emballages résistants, des systèmes antivol avec alarmes aux caisses de sortie et nous avons mis en place des vitrines pour certains produits. La surveillance est assurée par les employés des rayons et les surveillants spécialisés. Nous pouvons aussi être amenés à déréférencer certains produits trop souvent volés.

Conseils

– Pour la question 1, calculez le stock théorique en vous reportant à la fiche de cours afin d'utiliser la formule correcte.

– Pour obtenir la démarque inconnue (question 2), trouvez d'abord la démarque totale.

Exercice 2 *Valoriser la démarque et la surmarque*

Vous êtes employé(e) chez Hypertango. Vous passez des commandes de packs de colas auprès de votre centrale d'achats, dans le cadre d'une opération promotionnelle à l'occasion de la feria. Vous avez décidé de passer des commandes supplémentaires sur cette opération.

Travail à faire

À partir des éléments relatifs à la commande de colas « opération feria » (document ci-dessous), répondez aux questions suivantes.

1. Calculez la marge en valeur et en pourcentage des packs de colas vendus pendant la feria au prix de vente promotionnel et prix d'achat promotionnel.
2. Calculez la marge en valeur et en pourcentage au prix de vente habituel et au prix d'achat promotionnel.
3. Déterminez la démarque en valeur sur la période de la feria.
4. Calculez la surmarque, sachant que les 1 000 packs restants seront vendus au prix de vente habituel.
5. Quel est l'impact de la surmarque sur la marge ?

CORRIGÉ p. 149

Document : ***Éléments relatifs à la commande de packs de colas***

Prix de vente HT habituel : 10,90 €.
Prix de vente HT promo : 9,60 €.
Prix d'achat habituel : 10,40 €.
Prix d'achat promo feria : 9,50 €.
Quantité commandée : 3 000 unités.
Quantité vendue durant la feria : 2 000 unités.
Stock fin d'opération feria : 1 000 unités

Conseils

– Procédez aux calculs dans l'ordre afin d'éviter toute confusion dans les chiffres et les quantités.
– Utilisez la formule du taux de marge pour obtenir la marge en pourcentage.
– Pour obtenir la démarque, reprenez la marge habituelle et la marge en période de promotion.
– Calculez la surmarque à partir de la marge habituelle et de la marge en période de promotion.

23 La gestion des stocks

1 Le rôle de la gestion des stocks

Le stock représente l'ensemble des **marchandises** disponibles à la vente (en magasin et en réserve) à un moment donné. Il varie chaque jour.
Le suivi des stocks permet de réduire les **coûts de stockage** et d'éviter les ruptures.
La gestion des stocks est informatisée dans la plupart des points de vente, permettant ainsi d'obtenir l'état des stocks à tout moment.

2 Le rôle des documents de suivi et de mise à jour des stocks

Documents	Rôles
Fiche de stock	Elle permet de suivre les mouvements (quantités entrées, quantités sorties et quantités en stock) pour une référence et les niveaux de stocks souhaitables.
État des stocks	Il permet de connaître les quantités en stock à une date donnée par référence, pour une famille de produits ou pour un rayon. Il permet de prendre la décision de se réapprovisionner ou de déstocker.

3 Les différents niveaux de stock

La fiche de stock indique les différents niveaux de stock.

Stock maximum	Niveau de produits en stock à ne pas dépasser. Au-dessus de ce niveau, il y a surstockage : excès de marchandises stockées.
Stock minimum	Niveau de produits qui permet de faire face aux ventes pendant le délai de livraison.
Stock de sécurité ou stock tampon	Niveau de produits qui permet de couvrir les ventes en cas d'événements imprévus : retard de livraison, accélération de la demande...
Stock d'alerte	Niveau de stock appelant un réapprovisionnement (stock d'alerte = stock minimum + stock de sécurité).

De nombreuses entreprises de la grande distribution travaillent en flux tendu. Les commandes sont passées fréquemment et permettent de diminuer les niveaux de stock. Sur certains produits, des fournisseurs gèrent directement le stock des distributeurs partenaires.

4 Le processus de gestion des stocks

Situation : un supermarché a une commande constante de 400 paquets de café du commerce équitable. Le délai de livraison de son fournisseur Solidarmonde est d'une semaine.
Le distributeur a prévu un **stock minimum** de 100 articles couvrant le délai de livraison. Un **stock de sécurité** de 100 articles permet de pallier un **retard de livraison** ou un **surplus de vente.** Le distributeur passe sa commande quand son **stock d'alerte** atteint 200 unités (100 + 100).

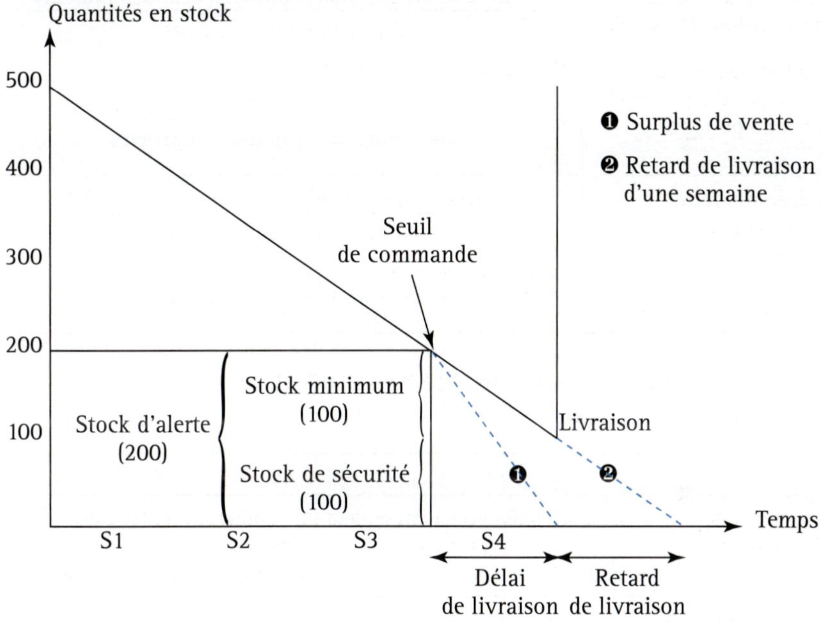

5 Les coûts liés au stockage

Le stockage représente des charges élevées pour le distributeur à cause de la surface de stockage, du matériel de stockage, de la protection du stock et de l'assurance.

6 Les incidences d'une mauvaise tenue des stocks

Une mauvaise tenue des stocks aura pour conséquences :
– une rupture de stocks qui entraîne des pertes aux niveaux du chiffre d'affaires, de la marge, des clients, de l'image du magasin ;
– un surstockage qui entraîne des réserves encombrées, un risque de casse et de vol, un vieillissement des produits, une décote potentielle.

7 Le suivi des stocks

1. Les ratios de suivi des stocks

Stock moyen	$\dfrac{\text{Stock initial (SI) + stock final (SF)}}{2}$ Stock I = stock en quantité en début de période Stock F = stock en quantité en fin de période
Coefficient (ou taux) de rotation des stocks Nombre de fois que le stock est renouvelé sur une période.	$\dfrac{\text{Coût d'achat des marchandises vendues (valeur)}}{\text{Stock moyen en valeur}}$ (CAMV = SI + achats – SF) ou $\dfrac{\text{Quantités vendues pendant la période}}{\text{Stock moyen en nombre d'articles}}$
Durée moyenne de stockage Période nécessaire à l'écoulement du stock moyen.	$\dfrac{\text{Durée de la période (en jours ou en mois)}}{\text{Coefficient de rotation}}$ (La période de référence peut être l'année, le trimestre, le mois..., exprimée en jours ou en mois.)

2. Les indicateurs de performance des produits en stock

La gestion optimale des stocks s'effectue selon deux méthodes :

Méthodes	Principes	Gestion
La méthode des 20/80 (Pareto)	20 % des références représentent 80 % de la valeur du stock (ou du chiffre d'affaires).	Il faudra surveiller avec attention ces références par un inventaire périodique fréquent.
La méthode ABC	– Groupe A : 10 % des références correspondent à 60 % de la valeur du stock (ou du chiffre d'affaires). – Groupe B : 40 % à 30 % du stock. – Groupe C : 50 % à 10 % du stock.	– Inventaire périodique fréquent. – Gestion plus sommaire. – Gestion souple.

Les principes de calcul des deux méthodes sont les suivants :

– **étape 1** : classer les articles dans l'ordre décroissant de leur valeur en stock ;

– **étape 2** : cumuler effectifs et valeur du stock ;

– **étape 3** : s'intéresser au petit nombre d'articles qui fait une grande part de la valeur en stock.

Exercice — *Effectuer le suivi des stocks*

Le responsable du supermarché Corfou, dans lequel vous effectuez votre stage, souhaite optimiser la rotation des stocks de ses rayons. Vous disposez des informations du document ci-dessous.

Travail à faire

1. Calculez pour chaque rayon, durant l'année écoulée : le stock moyen, le coût d'achat, le coefficient de rotation des stocks et la durée de stockage (en nombre de jours) en réalisant un tableau sous la forme suivante :

Rayons	Stock moyen	CAMV	Coefficient de rotation	Durée de stockage
Épicerie				
Liquides				
...				
Total				

2. Comparez la durée de stockage nationale à celle du supermarché, sachant que la moyenne de rotation des supermarchés est de 37 jours.
3. Citez les rayons qui ont les rotations les plus rapides. Justifiez votre réponse.

CORRIGÉ p. 150

Document : ***État des stocks et des achats***

Rayons	Stock au 01/01/N	Stock au 31/12/N	Achats de la période HT
Épicerie	395 000	368 410	4 172 190
Liquides	595 000	576 040	5 837 866
Boucherie	242 300	282 000	6 300 000
Fruits et légumes	61 700	59 670	2 182 905
Textile	690 000	490 800	3 440 000
Bazar léger	592 520	577 032	3 494 000
Bazar lourd	566 020	501 000	2 610 300
Frais	56 020	50 100	2 602 500

Conseil

Identifiez les formules de calcul nécessaires et vérifiez vos opérations.

24 Les opérations de règlement

1 La facturation

1. Les mentions obligatoires

Une facture rédigée en double exemplaire comporte les mentions obligatoires suivantes (directive européenne du 20 décembre 2001, décret n° 2003-632 du 7 juillet 2001) :

- noms ou raisons sociales et adresses du vendeur (+ SIREN, RCS) et de l'acheteur, forme juridique et montant du capital pour une société ;
- numéro de la facture ;
- numéro d'identification de TVA du vendeur ;
- date de la vente ou de la prestation de service ;
- dénominations précises des marchandises ou services rendus ;
- prix unitaire hors taxes de chaque produit ou service ;
- taux de TVA et montant de la taxe à payer ;
- quantités facturées, rabais, remises et ristournes ;
- date de règlement, conditions d'escompte en cas de paiement anticipé ;
- montant, modes de calcul et d'application des pénalités encourues en cas de non-respect des délais de paiement.

2. L'impact des minorations et majorations sur une facture

Une facture tiendra compte des éléments suivants :

Minorations	Réductions commerciales	Remise	Réduction en fonction d'un montant d'achat important et d'opérations promotionnelles.
		Rabais	Réduction accordée à l'occasion de soldes ou si le produit est endommagé, démodé ou en fin de série.
		Ristourne	Réduction accordée à la fin d'une période sur le montant total des achats effectués.
	Réductions financières	Escompte	Réduction accordée pour un règlement anticipé.
Majorations	Frais de transport	Port payé	Le fournisseur paie le transporteur et se fait rembourser par le client.
		Port dû	Les frais de transport sont à la charge du client.
		Port forfaitaire	Le fournisseur assure lui-même le transport et fait payer un montant forfaitaire pour le service rendu.

3. L'état de rapprochement facture / livraison / commande

Pour réaliser l'état de rapprochement, il faut procéder à un certain nombre de tâches avant de signaler d'éventuelles anomalies au fournisseur.

Nature des contrôles	Tâches à réaliser
Contrôle des informations commerciales	– S'assurer que la facture est bien destinée à l'entreprise. – Réunir les documents de commande et de réception. – Vérifier les produits ou services facturés. – Vérifier les prix pratiqués appliqués et les conditions de paiement.
Contrôle du montant à payer	Vérifier les calculs liés à la détermination du prix : montant hors taxes, total hors taxes, taux de TVA, montant de la TVA, net à payer.

2 Les paiements

Les paiements sont traités par des outils électroniques (terminaux points de vente, échange de données informatisées...) assurant délais, sécurité et stockage des informations.

1. Les modes et délais de paiement

Accordés au client particulier	
Modes de paiement	– Espèces. – Chèque : bancaire ou postal (daté au jour de l'achat et signé). – Carte : bancaire ou privative. Ex. : Cartes Accord, Pass offrant des avantages spécifiques dans le magasin – réductions, facilité de passage aux caisses... – Moneo = porte-monnaie électronique.
Délais de paiement	– Règlement comptant dans la majorité des cas. – Paiement en plusieurs mensualités sans frais. Ex. : paiement en quatre fois sans frais : un quart est versé à la commande, le reste en trois mensualités différées dans le temps.
Accordés par le fournisseur au distributeur	
Modes de paiement	Lettre de change : la plus utilisée est la lettre de change-relevé (support informatique) ou lettre de change (traite).
Délais de paiement	30, 60 ou 90 jours, plus rarement 120 jours (une bonne trésorerie dépend souvent de la bonne utilisation du décalage des crédits fournisseurs).

2. Les crédits à la consommation

Les magasins sont amenés à présenter à leur clientèle des solutions de financement pour leurs achats. Les objectifs seront globalement de promouvoir le point de vente, de valoriser les achats des clients (montée en gamme) et de fidéliser la clientèle.

Il existe différents types de crédit qui présentent les avantages et les inconvénients suivants :

Type de crédit	Définition	Avantages	Inconvénients	Avantages	Inconvénients
		Pour le client		Pour le distributeur	
Facilité de paiement	C'est un accord entre le distributeur et le client qui consiste à échelonner le paiement (x mensualités).	Pas d'intérêts.	Aucun.	Argument de vente.	Coût financier.
Crédit gratuit	C'est un paiement fractionné accordé sans majoration du prix de vente.	Échelonne l'achat sans payer d'intérêts.	Constitution d'un dossier.	– Argument de vente. – Publicité en dehors du lieu de vente possible.	Si paiement comptant, obligation d'accorder une remise égale aux intérêts sur ce produit.
Crédit personnel	Il est consenti à la personne sans objet particulier.	Souplesse.	Coût financier.	Paiement immédiat.	Aucun.
Crédit affecté	Il est accordé par les banques et organismes de crédit pour un bien ou une prestation déterminé.	– 7 jours pour se rétracter. – Annulation si contrat de vente non-respecté.	– Coût financier. – Si crédit refusé, vente annulée.	Argument de vente.	Achat conditionné au crédit accordé.
Crédit renouvelable	C'est une réserve permanente mise à disposition du client (banque, société de crédit).	– Souplesse. – Possibilité d'interrompre le crédit à tout moment	Risque de surendettement.	Argument de vente.	Aucun.

Exercice ***Réaliser l'état de rapprochement***

Vous venez d'être embauché(e) dans le magasin Sport Co. Vous contrôlez la facture reçue du fournisseur Salsa Danse (document 1 ci-dessous) à l'aide des documents 2 et 3 ci-dessous.

Travail à faire

Relevez sur la facture les erreurs à signaler au fournisseur.

CORRIGÉ p. 150

Document 1 : ***Facture***

SALSA DANSE — **Facture**

Sport Co
15 rue du Marché
34000 MONTPELLIER

Date : 12.08.N
Réf. commande : AB2224
Contact : Brac

Réf.	Désignation	Quantité	PU tarif	Remise	PU HT	Montant
123	Chaussures H	5	30,00	1,50	28,50	142,50
455	Chaussures F	7	35,00	–	35,00	245,00

Net HT	387,50
TVA 19,60 %	75,95
Net à payer	463,45

Paiement le 30/09/N

Document 2 : ***Bon de réception***

Bon de réception n° 200

À Montpellier, le 07/08/N

Réf. Désignation	Qté	Observations
123 Chaussures H	4	1 manquant
455 Chaussures F	7	

Document 3 : ***Commande***

Commande

Réf. Désignation	PU HT	Quantité
123 Chaussure H	25,00	5
455 Chaussure F	35,00	7

Date commande : 01/08/N
Règlement : 30 jours fin de mois
Remise de 10 % sur commande de chaussures référence 123
Livraison sous huitaine

25 Le marchandisage de séduction

1 L'ambiance du point de vente

Le marchandisage de séduction consiste à mettre en valeur l'offre commerciale, en créant dans le point de vente une ambiance susceptible de séduire le client dans le but de développer les ventes.

1. L'organisation de la surface de vente

Elle doit veiller à respecter les deux principes suivants :
– le client doit être au contact du plus grand nombre de produits lors de son parcours dans le magasin ;
– la visite du client dans le magasin doit être agréable.
Lorsque les clients sont habitués au point de vente, ils ont tendance à répéter le même parcours et se rendent directement vers les rayons où se trouvent les produits dont ils ont prévu l'achat. La surface de vente doit alors être organisée en fonction du parcours des clients, en réservant des zones où seront exposés les produits dont l'achat est prévu, et d'autres où seront présentés les produits d'achat d'impulsion.

2. Les facteurs d'ambiance

Ils permettent de rendre plus agréable la visite du client, tout en mettant en valeur l'assortiment du point de vente.

Facteurs d'ambiance	Exemples
Le mobilier de présentation et la décoration	Meubles dédiés, présentoirs spécifiques, matériaux adaptés.
Le personnel au contact du client	Accueil, personnel de vente, caisse, SAV.
La musique d'ambiance	Volume sonore, radio, style musical adapté à la clientèle...
Les vitrines	Intérieures ou extérieures, fréquence de renouvellement, thématiques...
L'éclairage et les couleurs	Lumière naturelle, lumières froides et chaudes, tons clairs et foncés, miroirs...
Les actions événementielles	La fin d'année, la Saint-Valentin, l'anniversaire du point de vente...
Les techniques de présentation	Vrac, effet de masse, symétrie, asymétrie, fréquence de renouvellement des produits présentés.

2 La mise en valeur de l'offre

La mise en scène des produits et des services proposés par le point de vente est réalisée à l'aide des facteurs d'ambiance. Cependant, la tendance actuelle est de s'adresser aussi aux autres sens du consommateur (ouïe, odorat, goût, toucher), afin de lui procurer des émotions susceptibles de rendre l'acte d'achat plus agréable.

1. La théâtralisation de l'offre

La mise en scène de l'offre dans les magasins a pour objectif de mettre le consommateur dans un contexte hors du commun des points de vente classiques. Certains points de vente appelés « magasins amiraux » ont pour mission principale de créer ce contexte.

Les éléments de la théâtralisation de l'offre	
Le metteur en scène	C'est le responsable du point de vente, en cohérence avec la stratégie et le positionnement de l'enseigne.
Le scénario	Création d'un univers spécifique dans lequel les produits sont au centre de « l'histoire ».
Les acteurs	Les produits, les vendeurs, les clients.
Le décor	Les matériaux, les couleurs, le mobilier, la signalétique, l'éclairage...
Les costumes	Les uniformes et les vêtements des vendeurs.

2. L'utilisation du sensoriel

Il convient de faire preuve de prudence pour ne pas agresser les consommateurs, car le seuil entre attirance et répulsion est subtil.

Sens	Exemples
La vue	Il s'agit du sens le plus sollicité. Les couleurs permettent de mettre en valeur des produits, d'apporter des informations.
L'ouïe	L'ambiance musicale attire l'attention, améliore la notoriété, procure du plaisir et met le consommateur de bonne humeur.
L'odorat	Les points de vente diffusent de plus en plus des parfums d'ambiance pour agir sur les émotions de leurs clients.
Le goût	Les dégustations permettent de vendre plus. Faire goûter un produit donne souvent envie de l'acheter.
Le toucher	Mettre le produit entre les mains du client et le faire essayer augmentent les chances de le vendre.

Exercice 1 *Théâtraliser l'offre*

Travail à faire

À l'aide du document ci-dessous, répondez aux questions suivantes.

1. Quel moyen est utilisé pour mettre en scène les produits de la table ?

2. Selon vous, quels sont les sens du consommateur qui peuvent être sollicités dans le cadre de cette présentation ?

3. À quels autres sens pourrait-on faire appel ? Comment pourrait-on le faire ?

CORRIGÉ p. 151

Document : ***Carrefour met en scène ses produits de la table***

Chez Carrefour, au rayon Arts de la table, l'achat plaisir passe par une théâtralisation de l'offre.

Les grandes surfaces alimentaires ont engagé une offensive sur le segment des arts de la table. Marie-Laure Flament, responsable de l'offre et marchandisage Univers Maison pour les hypermarchés Carrefour, explique comment, en dépit des contraintes d'espace, de mobilier et de circulation, l'enseigne réussit à mettre en valeur les articles de table.

Comment avez-vous réussi à théâtraliser votre offre ?

Notre concept, testé dans les plus grands magasins et aujourd'hui étendu dans une quinzaine d'enseignes, repose essentiellement sur un meuble installé en permanence : il s'agit d'une table de présentation ovale d'environ 1,50 mètre de hauteur sous laquelle sont stockés tous les produits présentés. La table est dressée et les accessoires (nappe, serviettes, sets de table, vases, bougeoirs, etc.) mis en situation. Ce mobilier permet d'associer des produits et de recréer un univers, ce qui est impossible en linéaires.

Comment avez-vous choisi les zones « stratégiques » ?

Nous privilégions des emplacements jouxtant l'allée centrale, avec deux gondoles moins longues, les tables de présentation à l'une des extrémités et un espace entre les deux pour circuler. Avec cette cassure par rapport aux hauteurs de gondole, le client a quelque de chose de beaucoup plus dégagé, qui attire l'œil.

Propos recueillis par Bertrand Bourgine.
Dynamique commerciale, n° 93, mars-avril 2004.

Conseil

Relisez la partie théorique pour répondre aux questions 2 et 3.

Exercice 2 ***Repenser le concept d'hypermarché***

Travail à faire

À l'aide du document ci-dessous, répondez aux questions suivantes.

1. Comment est organisée l'offre proposée par Auchan Val d'Europe ?

2. Quel est l'objectif du concept d'hypermarché Auchan Val d'Europe ?

3. Quels sont les éléments de théâtralisation utilisés par Auchan Val d'Europe ?

4. Dans une perspective sensorielle, quel est le sens du consommateur le plus sollicité dans ce concept d'hypermarché ?

CORRIGÉ p. 151

ENTRAÎNEZ-VOUS

Document : ***Auchan Val d'Europe***

En octobre 2000, Auchan a inauguré son nouveau concept d'hypermarché, à Marne-la-Vallée (région parisienne – France) : l'hypermarché « du mieux-vivre ».

Auchan Val d'Europe est organisé dans une logique clients, en quatre espaces pour « mieux se nourrir », « mieux s'occuper de soi », « mieux s'occuper de sa maison » et « mieux s'occuper de ses loisirs ». Dans chacun de ces espaces, l'offre est regroupée afin de faire gagner du temps aux clients.

Par exemple, dans l'espace « mieux s'occuper de soi », la « planète bébé » propose tous les produits nécessaires pour nourrir bébé, l'habiller, le soigner et l'équiper. « Mieux s'occuper de sa maison » est une succession d'offres pour équiper sa maison, la décorer, y faire des réparations. Pour la décoration, les idées sont proposées pièce par pièce : pour la salle à manger, le salon, la chambre à coucher, les sanitaires et la salle de bains. [...]

Afin de toujours faciliter les courses et d'en faire un moment de plaisir, Auchan Val d'Europe a adopté un design nouveau : des formes plus arrondies, gaies, féminines, des couleurs chaudes restituant une ambiance très naturelle, des verrières laissant pénétrer la lumière du jour dans l'ensemble du magasin, un éclairage repensé, notamment aux caisses, un mobilier entièrement revu, une signalétique uniformisée et simplifiée.

http://www.auchan.com/pages/auchan1_213.html

Conseil

Servez-vous du tableau présenté dans la partie théorique, contenant les éléments de la théâtralisation de l'offre, pour répondre à la question 3.

26 Le marchandisage de gestion

1 Définition

C'est l'ensemble des techniques commerciales utilisées par les distributeurs pour rentabiliser la surface de présentation des produits.

2 Les produits dans le linéaire

1. Les niveaux de présentation

Il existe un pouvoir vendeur qui dépend de la hauteur de présentation :
- niveau des yeux : le plus vendeur ;
- niveaux des mains : pouvoir moyen ;
- niveau du sol : faible.

2. Les zones

Dans une allée, il y a trois zones en fonction du sens de circulation :
- la première est perçue mais l'impulsion d'achat est faible ;
- la deuxième est la plus vendeuse ;
- la troisième est moyenne.

Première zone	Deuxième zone	Troisième zone

Sens de circulation →

3. Les différents types d'implantation

Les types d'implantation les plus courants sont les suivants :

Implantation verticale : par marques ou segments ou conditionnements.

Ex. : implantation verticale par marques

Marque A	Marque B	Marque C
Marque A	Marque B	Marque C
Marque A	Marque B	Marque C
Marque A	Marque B	Marque D
Marque A	Marque B	Marque D

Ex. : implantation verticale par segments d'un rayon café

Arabica	Mélangé	Décaféiné
Arabica	Mélangé	Décaféiné
Arabica	Mélangé	Décaféiné

Implantation semi-verticale (la majorité des implantations) : verticale par segments, horizontale par marques.
Ex. : rayon café

	Arabica	Mélangé	Décaféiné
Marque A (haut de gamme) →	AA	AA	AA
Marque B (MDD) →	BB	BB	BB
Marque C (leader) →	CC	CC	CC
Marque D (premier prix) →	DD	DD	DD

3 L'implantation des linéaires

1. Le coefficient d'occupation des sols (COS)

La recherche d'un juste équilibre entre la surface occupée par les mobiliers de présentation des produits et la surface libre à la circulation amène à calculer le COS (nombre de mètres linéaires au sol/surface de vente en m²).

Surface de vente	COS en %
Plus de 2 500 m²	25 à 30
De 400 à 2 500 m²	30 à 35
De 100 à 400 m²	35 à 40
Moins de 100 m²	40 à 45

Exemple

Pour 300 m² de surface de vente, on aura 120 m de linéaire au sol : 300 m² × 40 / 100 = 120.

2. Les zones chaudes et froides

On distingue généralement deux types de zone dans une surface de vente :
- la zone chaude : passage automatique des clients (produits d'impulsion) ;
- la zone froide : passage non systématique des clients (produits d'obligation).

Le distributeur cherche à répartir ces zones dans plusieurs buts :
- vendre dans des zones sous-fréquentées du point de vente ;
- faire découvrir l'offre de produits la plus large possible ;
- maximiser les ventes d'impulsion par la qualité de l'emplacement.

3. L'implantation des produits dans le linéaire

Elle se fait de la façon suivante :

	Définitions	Calcul
Linéaire au sol (MLS)	Longueur de rayon attribuée à un produit.	On mesure le nombre d'éléments ou les mètres au sol occupés par la famille de produits.
Linéaire développé (MLD)	Longueur totale des niveaux de présentation des produits.	Linéaire au sol × nombre de niveaux de présentation (en mètres linéaires).
Frontale ou facing	Nombre d'unités exposées vues de face, d'un même produit, sur la première ligne de présentation.	On compte les produits sur un seul niveau de présentation (en nombre d'unités de vente).
Capacité de stockage	Nombre de produits maximum stockés sur une étagère.	Nombre de frontales × nombre de produits en profondeur × nombre de produits en hauteur.

4 Les performances du linéaire

1. Les résultats du linéaire

L'efficacité du linéaire se mesure par les ratios suivants, qu'il faut comparer aux normes établies par la profession :

Critères	Calcul
Chiffre d'affaires (€) réalisé par produit, référence, famille, rayon	Prix de vente × total des quantités vendues
Marge brute (€) par produit, référence, famille, rayon	(PV – PA) × total des quantités vendues
Rendement au m^2	CA / surface de vente en m^2
Rendement au mètre linéaire	CA / nombre de mètres linéaires
Rentabilité au mètre linéaire	Marge brute / nombre de mètres linéaires

2. Les indices pertinents

Le linéaire sera optimisé après les calculs suivants :

Indice de passage	Nombre de clients passant devant le rayon / nombre de clients dans le magasin
Indice d'achat	Nombre de clients achetant dans le rayon / nombre de clients dans le magasin
Indice d'attractivité	Indice d'achat / indice de passage
Degré d'appel	Nombre d'actes d'achat / nombre de tickets de caisse
Indice de sensibilité (IS)	– À la marge brute (MB) = % marge brute / % du linéaire développé – Au chiffre d'affaires (CA) = % CA / % du linéaire développé – Aux quantités vendues (QV) = % quantités vendues / % du linéaire développé – Si IS = 1, le linéaire accordé au produit est convenable. – Si IS > 1, il faut augmenter le linéaire accordé. – Si IS < 1, il faut diminuer le linéaire accordé.
Linéaire optimisé	Linéaire actuel × (IS moyen ou IS CA ou IS MB ou IS QV) IS moyen = (IS CA + IS MB + IS QV) / 3

3. Les logiciels de marchandisage

Ils permettent de visualiser les recommandations d'assortiment sous forme de planogramme et sont des aides à la décision.

Exercice *Mesurer les performances commerciales*

Stagiaire dans l'hypermarché Conti de Pézenas, vous avez un entretien avec le directeur sur l'implantation du linéaire (document 1 ci-dessous).

Travail à faire

1. Indiquez le critère pris en compte par l'hypermarché Conti pour déterminer le coefficient d'occupation des sols (COS).
2. Pensez-vous que le rayon Bricolage ait une forte attractivité avec un indice d'achat fort et un indice de passage faible ? Justifiez votre réponse.
3. Calculez les indices (passage – achat – attractivité) des rayons du document 2 ci-dessous.
4. Commentez les résultats obtenus en comparant les indices.

CORRIGÉ p. 151

ENTRAÎNEZ-VOUS

Document 1 : ***Entretien avec L. Vigroux, directeur de Conti Pézenas***

Utilisez-vous dans votre entreprise les calculs de coefficient d'occupation des sols et d'attractivité ?

LV : En moyenne, il y a 3 000 clients tous les jours. L'indice d'attractivité est un indicateur important car il permet de voir comment se comportent les clients dans le rayon. Il y a des rayons qui enregistrent un indice d'attractivité faible : par exemple dans le textile, l'indice de passage est fort mais celui d'achat faible ; c'est l'inverse pour des rayons comme le jouet ou les produits pour animaux avec peu de passage mais un achat systématique. Certains rayons, c'est le cas des eaux, ont les deux indices : achat et passage élevés. La détermination du COS dépend essentiellement du temps passé dans le rayon : ceux pour lesquels le client attend ont un COS faible car il faut soigner le confort, c'est le cas des rayons frais ; par contre, ceux dans lesquels on circule rapidement ont un COS plus fort, comme le rayon Épicerie.

Document 2 : ***Statistiques des passages et achats par rayon***

Rayons	Eaux	Textile	Animaux
Nombre de clients passant dans le rayon	2 500	2 000	500
Nombre de clients achetant un produit	1 500	500	400

Conseil

Utilisez votre expérience de consommateur et votre expérience en entreprise pour répondre à la question 2.

27 L'analyse et le suivi des ventes

1 Le tableau de bord

1. Son rôle

Ce document de gestion rassemble les informations nécessaires au suivi de la gestion de la sous-famille, de la famille, du rayon, du magasin. C'est un outil de :
– **décision** : il permet d'analyser l'évolution des ventes en les comparant aux objectifs fixés et aux résultats antérieurs (chiffre d'affaires, marge...) réalisés afin de prendre les décisions adaptées ;
– **prévision** : il permet de fixer des objectifs à réaliser.
C'est pourquoi il recense des données **réalisées** et **prévisionnelles** (estimées) permettant d'effectuer un pilotage hebdomadaire, mensuel, annuel.

2. Les informations du tableau de bord

a) **Les types d'information**
Les informations varient selon les entreprises. On trouve :
– **les objectifs à atteindre** : chiffre d'affaires, marge, démarque... ;
– **le chiffre d'affaires** : montant des ventes réalisées ou prévues ;
– **la marge brute** : prix de vente HT – coût d'achat des marchandises ;
– **la marge nette** : marge brute – démarque ;
– **la démarque** : connue et inconnue (estimée) ;
– **les remises et coopérations promotionnelles** : connues au moment de l'achat ;
– **les frais** : de personnel, de transport, de mise à disposition (services de la centrale d'achats), de structure (loyer, énergie, entretien, maintenance...) ;
– **la productivité du personnel** : CA TTC / nombre d'heures travaillées ;
– **la productivité des stocks** : nombre de jours couverts par le stock ;
– **les informations sur les clients** (ex. : panier moyen du rayon, du magasin, nombre de clients par jour) ;
– **les ratios réalisés par la profession** (ex. : CA réalisé / m² sur un rayon).

b) **La présentation des informations**
Les informations peuvent être présentées :
– **en valeur** (ex. : CA du mois de janvier = 6 000 000 €) ;
– **en valeur cumulée** (ex. : CA cumulé de l'année N = CA de janvier + CA de février + ... + CA de décembre) ;
– **en pourcentage du CA** (ex. : frais de transport = 1,5 % du CA) ;
– **en ratio** (ex. : panier moyen du rayon = CA rayon / nombre clients rayon) ;
– **en indice** (ex : taux d'absentéisme = [nombre d'heures réalisées / nombre d'heures prévues] × 100).

2 L'analyse des ventes

1. Les étapes de l'analyse

Étape 1 : renseigner le tableau de bord en indiquant les résultats.
Étape 2 : effectuer des calculs (évolution des ventes sur une période donnée, indice d'évolution, ventilation de CA...).
Étape 3 : comparer les performances réalisées avec les objectifs fixés sur une période (semaine, mois, année précédente).
Étape 4 : repérer les écarts (hausses, baisses significatives).
Étape 5 : expliquer les performances – identifier les causes internes (action promotionnelle, modifications de l'assortiment, démarque...) et externes (actions de la concurrence, tendances du marché...).
Étape 6 : remédier – prendre des décisions correctives, c'est-à-dire baisser les prix, organiser une action promotionnelle pour liquider les stocks...

2. Les outils d'analyse

Plusieurs calculs permettent d'analyser les résultats. Ils peuvent être effectués au niveau du produit, du rayon, du secteur...

Ventilation du CA	CA du produit/CA du rayon
Panier moyen	CA/nombre de clients
Indice d'achat	[Nbre de clients achetant le produit du rayon/Nbre de clients entrant dans le magasin] × 100
Indice d'évolution	[CA réalisé (R)/CA historique (H)] × 100 (base 100)
Indice de réalisation ou de concrétisation	[CA réalisé (R)/CA objectif] × 100 (base 100)

3. La démarche de prévision des ventes

Prévoir, c'est anticiper. Pour cela, il faut :

a) Se fixer des objectifs

Les objectifs sont quantifiés pour une période précise (ex. : chiffre d'affaires à réaliser sur le rayon Jouets en décembre). Ils tiennent compte des statistiques des années précédentes et des facteurs externes ou internes pouvant influencer les ventes : tendances des marchés, nouveau concurrent, évolution de la zone de chalandise...

b) Définir des moyens à mettre en œuvre

Il faut les définir aux niveaux commercial (stratégie de communication, politique de prix), humain (embauche, formations...), matériel (investissements techniques, aménagement...).

Exercice — *Analyser des ventes*

Vous travaillez au département Bazar d'un hypermarché et vous vous occupez plus particulièrement du rayon Papeterie pour la rentrée des classes. Sam, votre responsable, réunit l'équipe le 2 septembre afin d'effectuer un premier bilan des ventes (document 1 ci-dessous). Il vous demande de préparer le tableau de bord du mois d'août (document 2 ci-contre) et les prévisions pour le mois de septembre (document 3 ci-contre).

Travail à faire

1. Complétez le tableau de bord du mois d'août (document 2).
2. Déterminez les écarts significatifs entre les performances réalisées et prévues.
3. Dégagez les causes de ces écarts.
4. Effectuez les prévisions des performances à réaliser pour le mois de septembre (document 3).

CORRIGÉ p. 152

Document 1 : *Réunion de l'équipe*

Sam : Nous allons réaliser aujourd'hui un bilan des ventes d'août sur le rayon Papeterie. Nous avons tous constaté que les ventes ont été moins fortes que prévues : le chiffre d'affaires est de 500 000 € ; la conjoncture économique ne joue pas en notre faveur ; le pouvoir d'achat diminue et les clients attendent le début du mois pour acheter. Nous devrions vendre plus les premières semaines de septembre. Il faut tenir compte aussi de la concurrence forte de Maxiprix, qui ferme fin août et a liquidé ses stocks à des prix imbattables. Il a fallu embaucher du personnel intérimaire pour pallier les congés maladies imprévus.

Un vendeur intervient : Et les prévisions pour septembre ?

Sam : Prévisions pour septembre : notre catalogue « spéciale rentrée » est maintenant dans toutes les boîtes aux lettres. Les points de vente qui l'ont testé ont vu leurs ventes augmenter de 10 % par rapport à l'an passé. On va se baser sur cette estimation comme chiffre à atteindre. Les pourcentages de marge brute et frais sont identiques à ceux de l'an passé ; les fournisseurs ont bien joué le jeu : le montant des remises est de 33 500 €, les têtes de gondole nous rapportent 38 000 €, nos efforts sur la démarque devraient payer : on se fixe 2,5 et 2,6 comme le mois dernier.

Document 2 : ***Tableau de bord d'août***

Août	Prévu		Réel	
	Valeur	%	Valeur	%
CA HT	540 000			
Marge brute	118 800	22,5		22,5
Démarque connue	13 500	2,5		2,0
Démarque inconnue	14 040	2,6		2,6
Marge nette	91 260	16,9		
Frais				
Transport	64 800	1,2		1,2
Structure	18 900	3,5		3,5
Personnel	65 880	12,2		13,0
Ressources				
Remises	24 300	4,5	24 300	
Coopération commerciale	29 700	5,5	29 700	
Indice de réalisation en %				

Document 3 : ***Tableau de bord prévisionnel du mois de septembre***

Septembre	Réalisé année N–1		Prévisionnel année N	
	Valeur	%	Valeur	%
CA HT	720 000			
Marge brute	144 000	20		
Démarque connue	18 720	2,6		
Démarque inconnue	25 920	3,6		
Marge nette	99 360	13,8		
Frais				
Transport	7 200	1		
Structure	25 200	3,5		
Personnel	10 080	14		
Ressources				
Remises	32 400	4,5		
Coopération commerciale	36 000	5		
Indice de réalisation en %	105			

Conseil

Identifiez les formules dont vous avez besoin avant d'effectuer les calculs.

ENTRAÎNEZ-VOUS

28 La réglementation en matière d'hygiène et de sécurité

1 La réglementation

1. La sécurité et la protection des travailleurs

a) Les principes de prévention

La loi n° 91-1414 du 31 décembre 1991 précise que « le chef d'établissement doit mettre en œuvre les mesures nécessaires pour assurer la sécurité et protéger la santé des travailleurs de l'établissement, y compris les travailleurs temporaires ». Les principes de prévention visent essentiellement à :

– éviter les risques ;
– évaluer les risques en mettant en place des actions de prévention et des méthodes de travail pour garantir la protection et la sécurité ;
– adapter le travail à l'homme dans la conception des postes de travail, le choix des équipements, les méthodes de travail, la production en vue de limiter le travail monotone et le travail de cadence et de réduire les effets de ceux-ci sur la santé ;
– tenir compte de l'évolution de la technique ;
– donner des instructions appropriées aux travailleurs.

b) Le document unique

Le décret du 5 novembre 2001 rend obligatoire la transcription par l'employeur, dans un document unique, des résultats de l'évaluation des risques professionnels identifiés dans chaque unité de travail. Sa mise à jour est effectuée au moins une fois par an et lors de toute décision modifiant les conditions d'hygiène et de sécurité. Les inspecteurs du travail et de la CRAM (Caisse régionale d'assurance maladie), le médecin du travail, les représentants du personnel et du CHSCT (comité d'hygiène, de sécurité et des conditions de travail) peuvent le consulter. L'absence de transcription ou de mise à jour de ce document est punie d'une amende.

Exemple de tableau unique

Établissement : Unité de travail : Service ou rayon :
Date d'élaboration : Date mise à jour :

Dangers physiques	Opération concernée	Risques associés connus	Dommages pouvant être subis	Mesures à prendre	Degré de priorité
Dangers chimiques					
Dangers biologiques					
Autres dangers					

2. L'hygiène et la sécurité des aliments directement remis au consommateur

a) L'esprit de la réglementation

L'arrêté du 9 mai 1995 est le texte de référence concernant l'hygiène et la sécurité des aliments remis directement au consommateur.
La réglementation fixe les principes (objectifs de résultats).
Le distributeur met en place les moyens et actions pour les atteindre :
– en appliquant la méthode HACCP *(Hazard Analysis Critical Control Point)*, qui permet d'analyser les risques ;
– en assurant que la mise en œuvre des moyens est efficace par des actions d'autocontrôle.

b) Les principes

Éléments concernés par la réglementation	Exemples d'objectifs de résultats
Locaux, équipements de transport, matériel : gondoles, comptoirs de vente, ustensiles...	Ils doivent : – être conçus et entretenus pour éviter des risques de contamination des denrées alimentaires ; – permettre d'assurer le maintien des températures de conservation.
Locaux	Ils doivent : – pouvoir être nettoyés et/ou désinfectés de manière efficace ; – être aérés et ventilés, convenablement éclairés ; – comporter des vestiaires ou penderies en nombre suffisant afin de revêtir des tenues propres ; – permettre en permanence la propreté des aires de stockage des déchets. – comporter un nombre suffisant de lave-mains (alimentés en eau chaude et froide et équipés de dispositifs pour le lavage et le séchage hygiénique des mains).
Personnel	Il doit disposer d'une formation en matière d'hygiène des aliments.
Denrées alimentaires	Sont interdits : – l'entreposage des denrées à même le sol ; – la présence d'animaux familiers.
Déchets	Des dispositions adéquates doivent être prévues pour stocker et éliminer les substances et les déchets alimentaires ou non, dangereux, qu'ils soient liquides ou solides.

c) La chaîne du froid

<table>
<tr><td colspan="2">Définition</td><td>C'est le maintien à basse température d'aliments réfrigérés afin de conserver leurs qualités nutritionnelles et organoleptiques (saveur, odeur, consistance).</td></tr>
<tr><td colspan="2">La rupture</td><td>Le froid limite la propagation des micro-organismes. Toute hausse de la température accélère la croissance microbienne et réduit la durée de vie du produit : le produit sain peut devenir un produit à risque. Il y a rupture de la chaîne du froid si la température dépasse + 4 °C pour les produits très périssables et + 8 °C pour les produits périssables.</td></tr>
<tr><td rowspan="6">Les températures de conservation (Extrait de l'annexe Arrêté du 9 mai 1995)</td><td>– 18 °C</td><td>Glaces, crèmes glacées, sorbets et tout aliment surgelé conformément aux dispositions du décret du 9 septembre 1964.</td></tr>
<tr><td>– 12 °C</td><td>Tout aliment congelé.</td></tr>
<tr><td>Sur glace fondante (0 °C à + 2 °C)</td><td>Poissons, crustacés, mollusques autres que vivants.</td></tr>
<tr><td>+ 4 °C maximum</td><td>Tout aliment très périssable tel que :
– denrées animales ou végétales cuites ou précuites, prêtes à l'emploi, non stables à température ambiante ;
– préparations froides non stables à base de denrées animales : viandes froides, pâtes farcies, sandwiches, salades composées, fonds de sauce ;
– produits transformés non stables à base de viande, abats, volailles, lapins, découpes de viandes ;
– produits de la pêche fumés ou saumurés non stables ;
– préparations non stables à base de crème ou d'œuf (pâtisseries à la crème, crèmes pâtissières, entremets) ;
– lait cru, produits frais au lait cru, crème chantilly non stable ;
– fromages découpés ou râpés préemballés ;
– végétaux crus prédécoupés et leurs préparations ;
– jus de fruits ou de légumes crus de pH supérieur à 4,5 ;
– produits décongelés, produits non stables en distributeur automatique.</td></tr>
<tr><td>+ 8 °C maximum</td><td>Tout aliment périssable tel que :
– produits laitiers frais autres que les laits pasteurisés, desserts lactés ;
– beurres et matières grasses, desserts non stables à base de substituts du lait ;
– produits stables à base de viande tranchée.</td></tr>
<tr><td>Supérieure à + 63 °C</td><td>Plats cuisinés livrés chauds au consommateur.</td></tr>
</table>

Les risques	Certains germes peuvent rendre le produit dangereux. La listériose, par exemple, est une maladie grave pour les personnes dont les défenses immunitaires sont faibles (femmes enceintes, personnes âgées...).
Les contrôles	Effectués à tous les niveaux : fabrication, stockage, transport, distribution.

d) Les dates de consommation

Elles doivent être présentes sur les étiquettes. On distingue :

– **la date limite de consommation (DLC)** : « À consommer avant... ». Au-delà de cette date, la vente est interdite et le consommateur prend des risques pour sa santé.

– **la date limite d'utilisation optimale (DLUO)** : « À consommer de préférence avant... » s'applique aux produits qui ne conservent leurs propriétés que dans des conditions particulières. Au-delà de cette date, il n'y a pas de sanction si le produit est encore en vente ; il risque juste de ne pas avoir la même saveur.

e) La traçabilité

Définition	C'est l'aptitude à retrouver l'**historique**, l'**utilisation** ou la localisation d'un produit au moyen d'**identifications enregistrées.** Elle permet de suivre et donc de retrouver un produit ou un service de sa création (production) jusqu'à sa destruction (consommation).
Cadre juridique	La réglementation européenne (article 18 du règlement européen 178-2002) rend la traçabilité **obligatoire** à partir du 1er janvier 2005 dans le secteur **agroalimentaire.** Sont concernés tous les opérateurs : agriculteur, fabricant, distributeur... Cette réglementation les oblige à tenir à jour les entrées et les sorties de denrées ou de produits avec la liste de leurs fournisseurs et clients correspondants. L'enregistrement de ces données peut être fait sur un support papier ou sur informatique. L'opérateur doit : – être en mesure d'archiver ces données pour, si nécessaire, « les transmettre aussitôt » aux autorités compétentes ; – engager immédiatement les procédures de retrait ou de rappel de marchandise.
Avantages	**Pour le consommateur** : retraits rapides en cas d'alertes sanitaires, garantie de l'information. **Pour les producteurs** : promotion de la qualité, de l'origine, des modes de production ou de fabrication des produits... **Pour les distributeurs** : meilleure organisation de la logistique et maîtrise des non-conformités (incidents de fabrication, réclamations).

2 La démarche qualité

Afin d'appliquer les principes définis dans la réglementation, la plupart des entreprises rédigent des chartes ou référentiels de qualité précisant les normes à appliquer pour chaque rayon.

Exemple

Référentiel « qualité 2004 » d'un supermarché

Rayon : fromage à la coupe	
Point n°	**Normes 2004**
332 Produits d'entretien correctement rangés	– Ne pas laisser de produits à proximité des aliments. – Ranger les produits dans le meuble réservé.
333 Produits d'entretien conformes	– Utiliser les produits référencés. – Ne pas utiliser de produits ménagers. – Ne pas utiliser d'éponge (nid à microbes), utiliser des lavettes jetables et des brosses synthétiques facilement désinfectables.
339 a Tenue propre, en bon état et conforme	– Blouse, tablier en coton ou plastique, coiffe. – Bijoux et montres interdits (alliance tolérée). – Gants à usage unique obligatoires lors des manipulations.
339 b Mains propres et protections des plaies	Désinfection des mains : au minimum à la prise de poste, en retour de pause, à la sortie des toilettes, après les manipulations contaminantes (cartons, déchets...).

3 Les organismes de contrôle

Ils sont nombreux et veillent à l'application de la réglementation.

– La **DGCCRF (Direction générale de la concurrence, de la consommation et de la répression des fraudes)** assure une concurrence active et loyale, favorise et surveille la qualité des produits et des services.

– Les **services vétérinaires** contrôlent l'hygiène alimentaire des produits d'origine animale et la santé animale, veillent au respect des règles concernant la traçabilité des produits.

– Le **Comité d'hygiène, de sécurité et des conditions de travail et des maladies professionnelles** veille à la protection de la santé et de la sécurité des salariés, procède à l'analyse des risques professionnels et des conditions de travail, inspecte et enquête en matière d'accidents du travail ou de maladies professionnelles.

Exercice ***Appliquer les règles d'hygiène et de sécurité***

Vous êtes en stage dans un supermarché depuis quatre semaines dans les différents rayons du magasin. Le 6 septembre, en fin de stage, votre chef de rayon teste vos connaissances en matière d'hygiène et de sécurité.
Il vous relate les décisions qu'il pense prendre ce matin concernant différents produits (document 1 ci-dessous).

Travail à faire

À l'aide des consignes du document 2 ci-dessous et de vos connaissances de la réglementation, indiquez pour chaque situation si la décision est bonne ou mauvaise en justifiant votre réponse.

CORRIGÉ p. 154

Document 1 : ***Situation relatée par le chef de rayon***

Le chef de rayon : J'ai pensé retirer de la vente les nouveaux yaourts en tête de gondole : ce nouveau parfum ne plaît pas, la DLC va jusqu'au au 11/09 et j'ai besoin de place pour installer la promotion sur les crèmes chocolat. J'ai pensé retirer également le saumon fumé : la DLC est aussi au 11/09 et il nous reste peu de stock ! J'ai fait le tour des caisses et récupéré les produits laissés par les clients : du parfum, des biscuits secs avec une DLUO au 09/10 et du jambon sous vide. J'ai remis les produits en rayon, cela ne pose pas de problème, le jambon a une DLC au 15/09. Il faut absolument faire une promotion sur les crèmes glacées de l'été qui ont une DLC au 30 septembre.

Document 2 : ***Extrait de la charte qualité de l'enseigne***

Consignes concernant le retrait des produits

Les denrées très périssables sont à retirer à DLC – 5.
(Exemple : DLC le 15, retrait le 10 au matin.)

Les denrées périssables sont à retirer à DLC – 4.
(Exemple : DLC le 15, retrait le 11 au matin.)

Surgelés : DLC – 30 jours au matin.

Conseil

Analysez ces situations sous la forme d'un tableau : produits, décisions, justification.

29 Les outils de transmission de données à distance

1 La transmission de données

Il existe différents services de transmission de données :

Services	Rôles
Service télématique	Diffusion d'informations et accès à des bases de données.
Télécopie	Informations transmises sous forme de signaux codés et restituées à l'arrivée sur support papier.
Messagerie électronique	Diffusion de fichiers textes, son, images... à des destinataires locaux ou éloignés.

2 Les réseaux

1. Définition

Un réseau est un assemblage d'ordinateurs capables de communiquer entre eux grâce à un langage commun. Un réseau intranet permet la communication au sein d'une même structure, mais s'arrête aux « portes » de l'entreprise. Internet permet de relier entre eux tous les réseaux du monde.

2. Les applications de l'Intranet et de l'Internet

Intranet	Internet
– Transferts de fichiers. – Messagerie électronique. – Accès à des bases de données. – Gestion des commandes et des stocks. – Accès aux informations comptables... – Partage de périphériques ou d'applications.	– World Wide Web, « toile mondiale », consultation d'informations à distance. – Courrier électronique. – Groupes (forums) de discussion. – Téléchargements de fichiers. – Accès à des bases de données. – Téléphone...

3. La transmission de données appliquée au commerce

L'**EDI** (échange de données informatisées) est basé sur la transmission d'informations, d'ordinateur à ordinateur, entre distributeur et fournisseur. Il permet notamment le réapprovisionnement automatique.

L'**ECR** (en français : « efficacité et réactivité au service du consommateur ») reprend les applications de l'EDI et vise à l'optimisation des ventes. Fournisseur et distributeur travaillent ensemble pour apporter une meilleure satisfaction au consommateur final. Il permet de diminuer les stocks, de limiter les ruptures et d'adapter l'offre-produit à chaque magasin.

Exercice ***Lister les possibilités et les avantages de l'Intranet***

Travail à faire

À partir du document ci-dessous, répondez aux questions suivantes.

1. Quelles possibilités offre le réseau intranet du Groupement des Mousquetaires ?

2. Quels en sont les avantages ?

CORRIGÉ p. 154

Document : ***Le réseau Intranet d'Intermarché***

L'Intranet d'Intermarché améliore la réactivité du merchandising

Basé sur l'infrastructure de portail d'InStranet, l'environnement permet au Groupement des Mousquetaires d'optimiser la diffusion de ses études de simulation en direction de 1 600 points de vente.

Depuis fin 2003, les Intermarchés et les Écomarchés du Groupement des Mousquetaires disposent d'un Intranet documentaire visant à les accompagner dans la définition de leur politique de « marchandisage ». [...]

« Les études de simulation produites dans ce domaine sont réalisées en central [...], en fonction des spécificités géographiques (en termes d'articles notamment) et du périmètre des magasins », explique Michel Vaglio, responsable Développement des Ventes. [...]

À l'origine, ces contenus étaient édités sous forme de contenus papier avant d'être livrés aux 1 600 points de vente des deux marques. Un processus qui s'est révélé lourd à mettre en place et par conséquent onéreux. « Au total, ces informations représentent pour chaque étude jusqu'à 3 500 cas de figure distincts, complète le responsable. Pour toutes ces raisons, il était difficile de produire plus d'une étude par site chaque année. »

[...] Objectifs affichés : parvenir à réaliser dès lors entre deux et trois éditions par an. Mais également créer des contenus personnalisés visant à aider les points de vente à se situer les uns par rapport aux autres. Une évolution qui permettrait aux magasins d'être plus réactifs vis-à-vis des changements du marché.

http://www.journaldunet.com, 29 mars 2004.

Conseils

– Évitez la paraphrase : ne reprenez pas des phrases entières, repérez plutôt les idées principales et reformulez-les de façon claire et synthétique.

– Relisez-vous d'un œil critique.

1 Le marché

Exercice 1 › p. 14

Les intervenants de la demande sont :
A. esthéticienne = prescriptrice ; Sophie = acheteuse ; fille de Sophie = consommatrice.
B. amie = guide d'opinion ; Léa = acheteuse et consommatrice ;
C. étude comparative dans un magazine de consommateurs = guide d'opinion ; Léa = acheteuse et consommatrice ;
D. Bastien = consommateur ; la mère de Bastien = acheteuse ; le meilleur copain de Bastien = guide d'opinion.
E. Jean = acheteur ; la famille = consommatrice.

Exercice 2 › p. 14

1. La raison principale de l'évolution du marché est l'augmentation du stress.

2. L'offre de ce marché se répartit entre deux types d'offreurs : des distributeurs qui proposent des espaces de soins sophistiqués pour une clientèle fortunée et d'autres qui proposent des espaces de soins « petits prix » pour des clients avec un budget plus faible.

Exercice 3 › p. 15

1.

Facteur	La réduction du temps de travail.	Le développement des sociétés multiraciales et multiculturelles.	La diminution du nombre de personnes au foyer.
Environnement	Économique.	Socioculturel.	Démographique.
Exemple d'opportunité	Hausse du secteur des loisirs.	Hausse des « plats exotiques ».	Hausse des produits en petits conditionnements : 2, 4 personnes.

2.
• Exemples de facteurs qui ont eu pour effet l'augmentation des dépenses consacrées à l'équipement de la maison :
– l'augmentation des revenus (environnement économique) ;
– l'augmentation du besoin de sécurité car les ménages s'équipent en produits d'alarme (environnement social) ;
– le besoin de confort (environnement culturel).
• Exemples de facteurs qui ont eu pour effet l'augmentation de la consommation en marques distributeurs :
– la baisse du pouvoir d'achat (environnement économique) ;
– la confiance dans les produits « sans marque » (environnement culturel).

CORRIGÉS

Exercice 4 › p. 15

1. Calcul des parts de marché

Grossiste	G1	G2	G3	G4	Total
Vente en volume (tonnes)	1,20 / 3,80 = 31,58 %	1 / 3,80 = 26,32 %	0,85 / 3,80 = 22,37 %	0,75 / 3,80 = 19,74 %	3,80
Vente en valeur (€)	1 750 / 4 785 = 36,57 %	1 867 / 4 785 = 39,02 %	678 / 4 785 = 14,17 %	490 / 4 785 = 10,24 %	4 785

2. Prix de vente du kg de pomme de terre pour chaque grossiste :

G1 = 1 750 / 1 200 = 1,46 €

G2 = 1 867 / 1 000 = 1,87 €

G3 = 678 / 850 = 0,80 €

G4 = 490 / 750 = 0,65 €

2 L'étude de marché

Exercice 1 › p. 18

1.

Informations recherchées	Méthodes
Statistiques sur le marché local	CCI de Marseille
Statistiques sur la demande : chiffre d'affaires par secteur	Dom Services : entreprise du même secteur
Tendances du marché et perspectives d'avenir	Presse spécialisée : *Action commerciale*, *Management*, *Entreprendre*
Besoins et intentions d'achat	Société d'études de marché

2.

Informations recherchées	Types d'étude
Statistiques sur le marché local	Documentaire
Statistiques sur la demande : chiffre d'affaires par secteur	Documentaire
Tendances sur le marché et perspectives d'avenir	Documentaire
Besoins et intentions d'achat	Étude quantitative

Exercice 2 › p. 19

1. L'objectif est d'évaluer la satisfaction des clients concernant les services, l'assortiment et la politique de prix et de communication.

2. Il s'agit d'une étude quantitative car elle est réalisée au moyen d'un questionnaire d'enquête. Les résultats obtenus sont essentiellement des statistiques.

3. On peut obtenir des informations sur le marché d'Internet en France :
- dans la presse spécialisée en informatique ;
- auprès des organismes publics comme l'INSEE ;
- en effectuant des recherches sur Internet (sites spécialisés).

3 La clientèle

Exercice 1 > *p. 22*

• Selon la pyramide de Maslow, les besoins identifiés dans ce cas sont :
- des besoins physiologiques : aller aux toilettes, manger, se reposer ;
- des besoins de sécurité : se détendre pour garder sa vigilance sur la route ;
- des besoins d'appartenance : s'acheter un magazine correspondant à ses pôles d'intérêt, acheter un cadeau pour des amis, la famille.

• Dans le profil SONCAS, on peut identifier les mobiles d'achat suivants :
- sécurité : récupérer avant de reprendre la route ;
- nouveauté : acheter le dernier numéro d'un magazine... ;
- confort : profiter du côté pratique des plats préparés, des sandwiches... ;
- sympathie : se faire plaisir ou faire plaisir en achetant une friandise, un cadeau pour ses enfants.

• Enfin, selon Joannis, on peut retrouver les motivations suivantes :
- la motivation hédoniste : se faire plaisir, se détendre... ;
- la motivation oblative : acheter une friandise ou un cadeau pour ses enfants, acheter une spécialité régionale pour des amis.

Exercice 2 > *p. 23*

1. Les critères de segmentation habituels sont : l'âge, le sexe, l'occupation (CSP...).

2. Les nouveaux critères utilisés par Orange reposent sur une analyse fine des différents usages des portables. Cette approche a permis d'identifier des groupes homogènes autour de besoins et de styles de vie communs.
Cette nouvelle segmentation s'avère plus efficace commercialement, car elle permet d'adapter l'offre aux besoins exprimés par les clients. Le groupe se positionne face à la concurrence et fidélise une clientèle qui se sent mieux comprise.

4 La politique commerciale

Exercice 1 > *p. 26*

1. L'enseigne Parfuma souffre actuellement de son image de marque car elle est perçue par les consommateurs comme distante et trop technicienne.

2. Son positionnement actuel vise la proximité, l'humanisation et le lien aux grandes marques de la parfumerie. Elle veut se rapprocher du client en créant un lien plus chaleureux, plus affectif. Ainsi, « le geste de beauté devient proche, familier ».

3. Les moyens mis en œuvre sont :
- le changement de signature avec « Partenaires de votre beauté » ;
- une campagne publicitaire sous forme de publireportage pour renforcer la proximité avec la clientèle et rompre avec l'esprit de la précédente campagne jugée trop « philosophique » ;
- le renforcement de son image en s'appuyant sur les grandes marques qui seront davantage mises en avant ;
- une formation des vendeuses vers plus de pédagogie.

Exercice 2 › *p. 27*

1. Le gérant définit lui-même ce positionnement (ils doivent apparaître comme « des professionnels de la pause détente »), qui se traduit concrètement dans la qualité des services, des produits et le souci de privilégier la détente. Salutti est d'abord un espace de services gratuits, mais soignés, qui s'ouvrent ensuite sur un espace de vente.

2. La politique commerciale peut être présentée comme suit :

Axes stratégiques	Caractéristiques
Produits/services	Les produits et les services sont adaptés aux attentes et au comportement d'achat du client. Les services de base sont facilement identifiés et sont soignés. Les produits sont centrés sur le « casse-croûte » et les produits régionaux. La qualité des produits reste la priorité.
Prix	Cet axe reste secondaire par rapport à la qualité.
Distribution	Le marchandisage favorise la lisibilité, la fluidité et la rapidité : allées larges, rayons visibles, signalétique claire.
Communication	Il s'agit d'un commerce de proximité sur une ligne de circulation dense. La communication média porte sur la marque Esseco. Il n'y a donc rien de spécifique sur l'espace de vente Salutti ; c'est plutôt la qualité globale du service de l'enseigne qui est mise en valeur.

5 La zone de chalandise et l'environnement de l'unité commerciale

Exercice 1 › *p. 31*

1. Les éléments essentiels à retenir sont les suivants :

La taille	– Une zone d'influence de près de 200 000 personnes pour une agglomération de 78 000 personnes, supérieure à la moyenne des agglomérations de même taille. – Un potentiel commercial de 476 millions d'euros. – Un taux d'évasion relativement faible de 11 % et une bonne résistance à l'attraction de Montpellier. – Des points faibles dans les domaines culture-loisirs et prêt-à-porter.
Le développement	– Zone de chalandise en croissance. – Bonne dynamique du centre-ville et de la nouvelle ZAC.
La clientèle	– Forte proportion de chômeurs et de personnes âgées. – Des foyers de taille moyenne (moins de 5 personnes) résidant dans des logements plus grands que la moyenne. – Une proportion importante de maisons secondaires, donc de personnes ne résidant pas dans la zone à l'année.
Le comportement d'achat	Un taux de consommation inférieur à la moyenne dans de nombreux secteurs, notamment en culture-loisirs et sports. Remarque : il reste à déterminer si cela tient au profil de la population ou au déficit de l'offre. Il est difficile de tirer des conclusions à partir de ces seules informations.

2.

- Les opportunités :

– le développement d'une nouvelle ZAC peut laisser envisager un développement économique de la zone de chalandise, une fidélisation de la clientèle de la zone, mais aussi une intensification de la concurrence dans certains secteurs ;
– la création d'une gare TGV peut entraîner une dynamique de la région en termes de mouvement de personnes et de croissance économique.

- Les menaces :

– le développement économique peut entraîner une intensification de la concurrence et une plus grande pression sur les commerçants ;
– la création de l'Odysseum de Montpellier pourrait renforcer le taux d'évasion de la zone.

3. Ces informations sont utiles car elles permettent d'accompagner ou d'anticiper les changements dans la zone de chalandise. Les commerçants peuvent saisir des opportunités en proposant de nouveaux services, en envisageant de nouvelles implantations. Ils peuvent adapter leur assortiment (par exemple, la forte proportion de seniors oblige les entreprises à s'interroger sur les services ou les produits proposés à ce type de clientèle).

Exercice 2 › *p. 33*

L'association de consommateurs UFC-Que choisir a pour missions :
- d'informer (ex. : parfums d'ambiance), notamment dans le magazine *Que choisir* ou dans des bulletins d'information, ou encore au travers des différentes permanences réparties sur le territoire ;
- d'accompagner les consommateurs par des actions juridiques, ou en agissant à leur place dans leurs démarches, ou en agissant au nom de l'intérêt général.

6 La distribution

Exercice 1 › *p. 38*

1. La stratégie de distribution habituelle est la distribution sélective, car les points de vente retenus par la société Montbleu sont sélectionnés pour leur image de prestige. La nouvelle gamme Gécri ne devrait pas être commercialisée dans ces points de vente car il s'agit de stylos courants.

2. La stratégie de distribution à retenir est la distribution intensive car la gamme Gécri est destinée à tous les consommateurs.

3. Tous les distributeurs peuvent correspondre mais on privilégiera les hypermarchés et les supermarchés, les papeteries, les buralistes, etc.

Exercice 2 › *p. 38*

1. La méthode de vente utilisée est la vente par distributeur automatique.

2.
- Avantages pour l'enseigne :
- Implantation en centre-ville (rare pour la grande distribution).
- Complète le parc de magasins déjà existant.
- Touche une nouvelle clientèle (surtout la nuit).

- Avantages pour le consommateur :
- Ouverture en continu.
- Proximité.
- Situé sur le trajet domicile-travail ou domicile-loisir.

3. Il faut trouver un emplacement qui présente les caractéristiques suivantes :
- présence d'une clientèle habituelle et de passage aussi bien le jour que la nuit (présence d'entreprises, de lieux de spectacles…) ;
- proximité d'un réseau électrique et de télécommunication (pour les paiements par carte bancaire) ;
- présence d'une aire de parking pour garer le camion qui effectue le réassort (ce qui n'est pas évident en centre-ville) ;
- prix du m^2 abordable.

CORRIGÉS

7 Les formes de commerce

Exercice › *p. 43*

1. Leur motivation principale est d'exercer une activité professionnelle indépendante (être son propre patron). Le désir d'augmenter leurs revenus et le goût pour un secteur d'activité spécifique (le prêt-à-porter par exemple) peuvent aussi conduire à ce choix.

2. L'apport personnel reste le principal obstacle. Les candidats doivent posséder des sommes d'argent importantes ou faire appel au crédit pour démarrer l'activité. D'autres contraintes ne sont pas évoquées dans le document, comme le choix de l'implantation du magasin, la présence de concurrents aux alentours...

3. Les obligations du franchisé envers le franchiseur sont les suivantes : droit d'entrée, redevance sur le CA, exclusivité d'approvisionnement.

8 La coopération commerciale

Exercice 1 › *p. 46*

1. Prix d'achat unitaire : 1 × 0,90 = 0,90 €.
Prix d'achat de la palette : 0,90 × 2 480 = 2 232 €.

2. Prix de vente TTC en tête de gondole : 1,30 × 0,90 = 1,17 €.

3. Le montant de la coopération commerciale s'élève à 500 €. Il s'agit du prix de la TG pour le fournisseur Omaro.

4. Seuil de revente à perte : 0,90 + 0,90 × (5,50 / 100) = 0,9495, soit 0,95 €.

5. Calcul du nouveau prix de vente TTC :
- 2 232 – 500 = 1 732 € (coût de la palette) ;
- 1 732 / 2 480 = 0,6984, soit 0,70 € (prix d'achat unitaire) ;
- 0,70 + 0,70 × (5,50 / 100) = 0,7385, soit 0,74 € (prix de vente TTC à marge 0).

Exercice 2 › *p. 47*

1. Affichage sur les chariots, TG avec écrans vidéo, bornes interactives, stops-rayons olfactifs, meubles dédiés aux devants de caisses.

2. L'objectif est de faire en sorte que le client succombe à des achats d'impulsion au cours de son cheminement dans le point de vente, en lui suggérant d'acheter certains produits très bien exposés dans les rayons. Ceci est rendu possible grâce aux pratiques de coopération commerciale (TG, stops-rayons, etc.) négociées entre le distributeur et ses différents fournisseurs.

3. Le recours à certaines innovations techniques (écrans vidéo, bornes interactives) permet une meilleure visibilité des produits, une meilleure information pour les consommateurs (démonstrations). Elles créent aussi une ambiance de nouveauté qui peut tenter une clientèle sensible à la technologie et au changement.

9 Le produit

Exercice › *p. 51*

1. Les ventes ne progressent plus et ont tendance à baisser légèrement au fur et à mesure que le produit se rapproche de sa phase de déclin.

2. Les possibilités pour retarder l'arrivée de la phase de déclin sont les suivantes :
- conquérir les clients de la concurrence (très risqué si l'affrontement débouche sur une guerre des prix) ;
- s'implanter sur de nouveaux marchés géographiques ;
- augmenter la fréquence d'utilisation du produit (nécessite des moyens très importants) ;
- augmenter le niveau de consommation habituel du consommateur (en vendant des conditionnements plus importants) ;
- relancer le produit grâce à une meilleure qualité ;
- relancer le produit en incorporant de nouvelles caractéristiques (par exemple, les appareils photo dans les téléphones mobiles) ;
- relancer le produit en améliorant ses qualités esthétiques.

10 L'assortiment

Exercice 1 › *p. 54*

1. L'offre de jouets se concentre essentiellement en fin d'année à l'occasion des fêtes de Noël où la demande est la plus forte. La surface de vente et le nombre de références sont alors les plus étendus. Les risques sont ainsi minimisés : les chances d'écouler les stocks rapidement sont maximales.
L'assortiment hors saison est limité et se concentre sur des produits peu coûteux, essentiellement pour favoriser l'achat d'impulsion.

2. L'effort sur ce rayon pourrait se maintenir au-delà de Noël. L'analyse du comportement des consommateurs permet de repérer des opportunités dans les dépenses d'étrennes ou de bons-cadeaux en janvier. D'autres possibilités s'ouvrent autour de « microsaisons », à l'occasion de Pâques, des départs à la mer... ou autour d'événements comme les sorties de films, de DVD, de jeux...

Exercice 2 › *p. 55*

1. et 2.

Caractéristiques de l'assortiment		Types de point de vente	Enseignes
Ample, large et profond	Nombreux groupes de produits. Nombreuses familles. Nombreuses références.	Grands magasins, hypermarchés.	Galeries Lafayette, Carrefour.
Ample, large et superficiel	Nombreux groupes de produits. Nombreuses familles. Nombre limité de références.	Supermarchés, magasins populaires.	Monoprix.
Restreint, large et profond	Un ou deux groupes de produits. Nombreuses familles. Nombreuses références.	Grandes surfaces de sport.	Décathlon.
Restreint, étroit et profond	Un ou deux groupes de produits. Nombre limité de familles. Nombreuses références.	Grandes surfaces spécialisées, magasins traditionnels.	Connexion, Footlocker, Levis.

Exercice 3 › *p. 55*

Remarque : ce corrigé ne vise pas à proposer une liste exhaustive de solutions, mais des pistes de réflexion.

Le développement de lotissements implique nécessairement des besoins en produits de décoration. Le nouvel assortiment pourrait s'élargir vers des articles liés aux tissus d'ameublement, permettant notamment la réalisation de rideaux, coussins, canapés...

Le rajeunissement de la clientèle implique de proposer des articles à destination des jeunes mamans : kits de broderie, vêtements pour enfants... Il faut aussi rajeunir la gamme de lingerie et proposer un choix élargi sur catalogue.

Enfin, la concurrence de la ville toute proche oblige à renforcer la qualité de l'accueil et du conseil.

11 La marque et le conditionnement

Exercice › *p. 59*

1. Certaines entreprises préfèrent développer une marque plutôt que des produits. Cela leur évite d'avoir à réaliser d'importants investissements (usines, entrepôts, points de vente...) et leur permet de limiter le nombre de salariés. Cependant, elles doivent veiller à la qualité de leur image de marque et développer leur notoriété (notamment grâce à des budgets publicitaires importants).

2. En développant une clientèle jeune, les marques espèrent pouvoir continuer à vendre leurs produits à ces mêmes clients lorsqu'ils deviendront adultes.

Ainsi, la fidélité à la marque développée pendant la jeunesse peut assurer des ventes régulières à ces entreprises, même à très long terme. Certaines marques visant traditionnellement des publics adultes ont créé des versions de leurs produits destinées aux jeunes dans l'espoir de les fidéliser plus tard (comptes bancaires, téléphonie sans fil...).

12 La démarche qualité

Exercice > *p. 61*

1. Le groupe Carrefour propose différents services qui vont au-delà des obligations légales (notamment en matière de garantie). Il peut ainsi limiter les sources d'insatisfaction : achat regretté, article trouvé moins cher ailleurs... Carrefour démontre son investissement dans une démarche qualité en listant ses engagements dans une charte.
Enfin, il se positionne sur la garantie d'une qualité accessible à tous.

2. Ces engagements rassurent le client en rendant l'achat moins « risqué » et le fidélisent. Carrefour renforce son positionnement face à la concurrence en se présentant comme défenseur de la qualité accessible à tous.
Ces engagements impliquent des coûts et des investissements supplémentaires : les remboursements, la gestion des garanties à l'échelle nationale, la structure permettant l'assistance téléphonique 7 jours sur 7 et de 8 h à 22 h...

13 Le prix

Exercice > *p. 65*

1. Calcul du coût d'achat unitaire d'un paquet de biscuits :
- nombre de paquets de biscuits dans la palette : 50 × 100 = 5 000 paquets ;
- coût d'achat total de la palette : 4 600 + 150 = 4 750 € ;
- coût d'achat unitaire d'un paquet de biscuits : 4 750 / 5 000 = 0,95 €.

2. Le seuil de revente à perte est de 0,95 € (prix d'achat + frais liés à l'achat).

3. Prix de vente TTC hors période promotionnelle : 0,95 × 1,25 = 1,19 €
Prix de vente HT hors période promotionnelle : 1,19 / 1,055 = 1,13 €

4. Prix de vente TTC pendant la TG : 0,95 × 1,10 = 1,05 €
Prix de vente HT pendant la TG : 1,05 / 1,055 = 1,00 €

5. Marge unitaire réalisée pendant la TG : 1,00 – 0,95 = 0,05 €

6. Taux de marque pendant la TG : 0,05 / 1,00 = 5 %
Taux de marge pendant la TG : 0,05 / 0,95 = 5,26 %

7. Nouvelle marge unitaire : 0,96 – 0,95 = 0,01 €

8. Nouveau taux de marque : 0,01 / 0,96 = 1,04 %
Nouveau taux de marge : 0,01 / 0,95 = 1,05 %

14 La communication orale professionnelle

Exercice 1 › *p. 70*

1. Le motif de la réclamation est d'ordre technique : le téléviseur ne fonctionne pas.

2. Le type de langage utilisé est le registre kinesthésique car il est centré sur l'émotion (« Je suis catastrophée, mon petit-fils arrive, il faut que ça marche ! »).

3. Toutes les cases sont à cocher dans la colonne « – ».

4. Ian doit questionner pour définir le profil de la cliente et adopter une attitude empathique afin de déceler le langage dominant de sa cliente (kinesthésique) pour se synchroniser avec elle en utilisant son langage.
Il doit reformuler davantage pour s'assurer qu'il a bien compris le sens réel du message de sa cliente.

Exercice 2 › *p. 71*

1. Le style d'animation de la réunion est autocratique car celle-ci est dirigée selon un plan précis et cadrée dans le temps par la responsable.

2. Membres de l'équipe centrés autour de la tâche : Léa car elle souhaite un échange d'information ; Hélène car elle apporte une solution.
Membres de l'équipe centrés sur l'émotion : Carl car il plaisante de la situation ; Paul car il a une attitude de dénigrement envers Léa ; Hafida car elle se montre solidaire de Léa.

3. Léa est influencée par des rites et codes sociaux qui appartiennent à la dimension culturelle de la communication. La cliente est influencée par un préjugé, qui appartient à la dimension émotionnelle de la communication.

15 La communication écrite

Exercice › *p. 73*

FRAISMAG

Le 12 juin N

De : élève X, vendeur

À : Carl Plot, directeur

Compte rendu d'action

Action : Opération promotionnelle « Fruits de l'été » du 8 au 10 juin N.

Résultats : **Chiffre d'affaires :** évolution globale sur trois jours : + 5 %.
J1 (jeudi) : 5 %, J2 : 30 %, J3 : 65 %.
Communication : animation sur le lieu de vente par les producteurs locaux réussie ; prospectus : diffusion tardive et peu d'impact ; radio : aucun impact.

Problème rencontré : attente aux caisses « moins de dix articles » le samedi.

16 La communication commerciale

Exercice 1 › p. 76

Situation	Forme de communication	Support
a	Mercatique directe Presse quotidienne régionale	Prospectus Encart publicitaire
b	Affichage	Panneaux 4 × 3 m
c	Radio Parrainage	Radios locales : *Radio Nice* et *Nice Jeunes* Événement : course cycliste
d	Mercatique directe	Téléphone

Exercice 2 › p. 76

1. Lettre à envoyer

ISIS *Beauté*

7 rue Dupin
60003 LYON

Le 17 août N

Léa Joly
2 rue Monge
69007 Lyon

Chère Mlle Joly,

Fêtez la rentrée en beauté.

Votre nouvelle carte de fidélité vous attend. Dès le 1er septembre, vous bénéficiez de nouveaux avantages :

10 % de réduction
sur tous les achats supérieurs à 50 €, soins esthétiques compris.

Un soin gratuit vous attend si vous venez retirer votre carte avant le 15 septembre.
Amenez une amie : un cadeau-surprise vous attend.

Isis Moulin

2. Coût de l'opération :
- feuilles : 0,07 × 350 = 24,50 € ;
- enveloppes : 0,10 × 350 = 35 € ;
- frais postaux : 16 € ;
- total : 24,50 + 35 + 16 = 75,50 €.

17 La promotion des ventes et les techniques d'animation

Exercice 1 › p. 82

1. Prix de vente HT hors promotion : 2,50 / 1,055 = 2,37 €.
Prix d'achat : 2,37 – 0,60 = 1,77 €.

Taux de marque : (0,60 / 2,37) × 100 = 25,32 %.
Marge totale : 0,60 × 250 = 150 €.

2. Prix de vente TTC pendant la promotion : 2,50 × 0,80 = 2 €.
Prix de vente HT pendant la promotion : 2 / 1,055 = 1,90 €.
Marge unitaire : 1,90 – 1,77 = 0,13 €.
Taux de marque : (0,13 / 1,90) × 100 = 6,84 %.
Marge totale : 0,13 × 500 = 65 €.

3. L'opération promotionnelle est rentable (marge totale de 65 €), mais la rentabilité est moins bonne qu'en période normale (on gagne plus d'argent lorsqu'on ne fait pas de promotion). Cette opération est utile pour réduire des stocks, attirer des clients dans le magasin ou contrer un concurrent.

4. Prix de vente TTC promotion (– 30 %) = 2,50 × 0,70 = 1,75 €.
Le prix de vente TTC se retrouve au-dessous du prix d'achat (1,77 €), le seuil de revente à perte est franchi et la législation française ne le permet pas.

5. Marge unitaire pendant la promotion : 0,13 €.
Marge hebdomadaire totale avant promo : 150 €.
Nombre de paquets devant être vendus : 150 / 0,13 = 1 154 paquets.

Exercice 2 › *p. 83*

1. Licite : technique de l'échantillon gratuit. Licite à condition de préciser « échantillon gratuit » ou « ne peut être vendu ».

2. Licite : offre de remboursement. Les modalités sont décrites sur l'emballage.

3. Illicite : vente à prime. La valeur de la prime représente plus de 7 % du prix TTC du produit.

4. Illicite : revente à perte. Le seuil de revente à perte est franchi.

5. Licite : produit en plus. Licite si la quantité est exprimée sur le produit en quantité ou en pourcentage.

6. Illicite : jeu, concours. Illicite car, dans ce cas, il y a obligation d'achat (avoir effectué ses achats dans le point de vente).

7. Licite : ventes jumelées. Le lot peut être dissocié (présence de chaque produit en rayon accompagné de son prix).

18 L'entretien de vente

Exercice › *p. 89*

1. Les trois arguments peuvent être les suivants :
– « Le support minidisc est très pratique et simple d'utilisation. Il permet une grande autonomie, près de 45 heures de musique par minidisc ! Regardez. Sur ce disque... »
– « Le transfert des fichiers musicaux peut se faire directement et très rapidement depuis votre PC *via* le port USB, une sortie comme celle-là. Votre fils

achète ses musiques préférées sur Internet et les charge sur le disque dur. Il suffit ensuite d'un câble comme celui-ci, que vous branchez là... »
– « Avec les accessoires, votre fils pourra se lancer dès ce soir. Vous avez le logiciel d'application, le câble, et c'est parti ! Je vais vous montrer... »

2. Réponses aux objections :
a) Technique du « oui, mais... » : « C'est vrai que la différence de prix est sensible, mais il s'agit d'une technologie totalement différente. Le lecteur lit des supports minidisc. Votre fils pourra stocker près de 45 heures de chansons sur chaque minidisc. De plus... ».
Technique de l'affaiblissement : « L'économie est sensible sur la musique qu'on écoute. Les grandes maisons de disques proposent maintenant leur catalogue de chansons en téléchargement sur Internet. Votre fils aura accès à des milliers de titres d'un simple clic et ce pour moins d'un euro la chanson ! »
b) Technique de l'appui : « Non, je suis sûr(e) qu'il a déjà la solution ! En fait, des logiciels très simples permettent de transformer la musique des CD en fichiers MP3. Ensuite, il aura juste à les charger sur ce lecteur. »

19 La satisfaction et la fidélisation du client

Exercice › *p. 91*

1. La relation entre satisfaction et fidélité suppose qu'un client satisfait aura tendance à devenir plus facilement fidèle qu'un client insatisfait.
La relation entre fidélité et rentabilité suppose qu'un client fidèle est source de profit car il achète plus et plus souvent qu'un client quelconque.

2. L'enquête de satisfaction doit permettre de découvrir les sources d'insatisfaction et de satisfaction de la clientèle d'un point de vente.

3. Lorsque l'enquête de satisfaction révèle les causes d'insatisfaction des clients, des améliorations doivent être proposées pour les corriger.

4. Parmi les outils de mesure de la satisfaction, on peut trouver :
– l'analyse des suggestions et des réclamations des clients ;
– la mesure du taux de clients perdus (taux d'attrition) ;
– le CA par client et le taux de réachat ;
– le rapport entre le nombre de clients qui partent à la concurrence et ceux pris à la concurrence ;
– les visites des clients mystères.

20 L'approvisionnement, la commande, le réassortiment

Exercice 1 › *p. 94*

Le fournisseur le plus adapté est le fournisseur local Durand frères. Ce choix est justifié par le fait que le rayon vend 5 tonnes de tomates par semaine.

Il est par conséquent possible de bénéficier d'un prix sans frais logistiques de 0,71 € HT au kg puisque la commande dépassera 1 tonne, ce qui est inférieur au prix de la centrale (0,735 €) et à celui du fournisseur Primevert (0,731 €).

Exercice 2 › *p. 95*

1. Il faut, dans un premier temps, calculer les ventes prévisionnelles :
400 + 280 + 500 = 1 180 kg.
On calcule les quantités à commander en utilisant la formule de calcul suivante : vente prévisionnelle – stock en début de période
soit 1 180 – 200 = 980 kg. Il faudra commander le lundi 6 août : 980 kg.
2. Quantités à commander jeudi 9 août :
Il faut, dans un premier temps, calculer les ventes prévisionnelles :
1 000 + 1 200 + 200 = 2 400 kg.
Il n'y a pas de stock le vendredi matin, donc il faut commander le jeudi 9 août : 2 400 kg de pêches.
Le stagiaire s'est basé sur les ventes de cette année pour calculer les quantités à commander : 500 + 550 + 200 = 1 250 kg.
Le magasin sera en rupture de stock dès le samedi matin puisqu'il aura vendu 1 000 kg le vendredi et qu'il ne lui restera que 250 kg pour les journées de samedi et lundi (prévision des ventes pour ces deux journées : 1 400 kg).

21 La réception

Exercice 1 › *p. 100*

a) Il faut vérifier le nombre de colis livrés, l'état extérieur et la désignation du destinataire. On constate un défaut sur l'aspect extérieur du colis. Démarches à effectuer : refuser le colis mouillé suivant les consignes du fournisseur, confirmer l'anomalie sous trois jours par lettre recommandée au transporteur, dater et signer le bordereau d'expédition.
b) On remplit un bon d'anomalie, sur lequel on inscrit les deux articles référence 4678 manquants et les trois articles excédentaires référence 4683. On le transmet par fax au fournisseur Lota sous trois jours. Les deux articles manquants seront envoyés à la prochaine commande. Les trois articles excédentaires seront retournés par le livreur de Lota.

Exercice 2 › *p. 101*

Pull	Pantalon
CIGOGNE	PANTHÈRE
LOT	ADI
Taille : 3	Taille : XL
3 123589 4563 7	3 458756 2589 2
456-N/08/12	456-N/08/12
17,10 €	19,44 €

22 L'inventaire, la démarque

Exercice 1 › *p. 104*

1. Calcul du stock théorique :

- Stock théorique en unité = stock initial + entrées – sorties
= 50 + 1 200 – 1 010 = 240 ampoules.

- Stock théorique en valeur = 240 × 3 = 720 €.

2. Montant de la démarque inconnue en PA HT :

- Démarque totale = stock théorique – stock réel
= 240 – 98 = 142 ampoules, soit 142 × 3 = 426 €.

- Démarque inconnue = démarque totale – démarque connue
= 142 – 42 = 100 ampoules, soit 100 × 3 = 300 €.

3. Calcul de la marge brute en valeur et du taux de marque :
MB = CA (1 010 × 4) + SF (98 × 3) – SI (50 × 3) – achats (1 200 × 3) = 584 €.
Taux de marque = (584 / 4 040) × 100 = 14,46 %.

4. Calcul de la marge brute si vous n'aviez pas eu la casse :
MB = 584 + 426 = 1 010 € de marge.
Taux de marque = (1 010 / 4 040) × 100 = 25 %.

5. Solutions pour remédier à la démarque inconnue : le déréférencement, les emballages résistants, les systèmes antivol, les vitrines, les systèmes de surveillance, le personnel de surveillance.

Exercice 2 › *p. 105*

1.

- Calcul de la marge en valeur des packs au PV promo et PA promo :
Marge en valeur = (PV HT promo – PA HT promo) × nombre de packs
= (9,60 – 9,50) × 2 000 = 200 €.

- Calcul de la marge en pourcentage des packs au PV promo et PA promo :
Marge en pourcentage = (PV HT promo – PA HT promo) / PA HT × 100
= (9,60 – 9,50) / 9,50 × 100 = 1,05 %.

2. Calcul de la marge en valeur des packs au PV habituel et au PA promo :

- Marge en valeur = (PV HT habituel – PA HT promo) × nombre de packs
= (10,90 – 9,50) × 2 000 = 2 800 €.

- Calcul de la marge en pourcentage des packs au PV habituel et PA promo :
Marge en pourcentage = (PV HT habituel – PA HT promo) / PA HT × 100
= (10,90 – 9,50) / 9,50 × 100 = 14,74 %.

3. Calcul de la démarque en valeur :
Démarque = marge habituelle – marge promo
= 2 800 – 200 = 2 600 €.

4. Calcul de la surmarque :
Surmarque = (PV HT habituel – PA HT promo) – (PV HT Promo – PA HT promo) × 1 000
= (10,90 – 9,50) – (9,60 – 9,50) × 1 000 = 1 300 €.

5. La surmarque de 1 300 € vient diminuer la démarque enregistrée sur l'opération promotion feria de 2 600 €, soit une perte de marge restante de 1 300 €.

23 La gestion des stocks

Exercice › *p. 109*

1.

Rayons	Stock moyen	CAMV	Coefficient de rotation	Durée de stockage
Épicerie	381 705	4 198 780	11	33
Liquides	585 520	5 856 826	10	36
Boucherie	262 150	6 260 300	24	15
Fruits et légumes	60 685	2 184 935	36	10
Textile	590 400	3 639 200	6	60
Bazar léger	584 776	3 509 488	6	60
Bazar lourd	533 510	2 675 320	5	72
Frais	53 060	2 608 420	49	7
Total	3 051 806	30 933 269	10,14	35-36

2. La durée de stockage du magasin (entre 35 et 36 jours) est un peu inférieure à la durée de stockage nationale de 37 jours.

3. Les rayons Frais, Fruits et légumes et Boucherie ont une rotation des stocks rapide car les dates limites de consommation sont courtes. La rotation lente de certains rayons trouve des explications dans la saisonnalité (textile).

24 Les opérations de règlement

Exercice › *p. 113*

Erreurs sur la facture à signaler au fournisseur :

• Il faut rapprocher la facture du bon de réception. On constate alors que cinq paires de chaussures homme ont été facturées alors que quatre paires de chaussures homme ont été reçues.

• Il faut rapprocher la facture du bon de commande :
– on vérifie les prix appliqués. Le prix des chaussures homme facturées 30 € ne correspond pas au prix de 25 € convenu au moment de la commande ;

– on vérifie les conditions de paiement rappelées sur le bon de commande. Une remise de 5 % a été faite sur les chaussures homme référence 123 alors que la remise accordée sur cette référence est de 10 %.

25 Le marchandisage de séduction

Exercice 1 › *p. 116*

1. Le moyen utilisé est une table de présentation ovale sur laquelle les produits (couverts et accessoires) sont présentés en situation. Elle permet de recréer un univers (contexte lié à l'utilisation habituelle de ces produits).

2. Les sens utilisés :
– La vue : grâce à l'utilisation des couleurs (nappe, serviettes, couverts, plats...) et de la lumière (bougeoirs, lampes...).
– Le toucher : les clients peuvent toucher et déplacer les produits en présentation sur la table dressée.

3. On pourrait solliciter l'odorat en diffusant des parfums de synthèse évoquant un repas, l'ouïe avec une musique d'ambiance pour accompagner ce repas...

Exercice 2 › *p. 117*

1. L'offre est organisée selon une logique clients en quatre espaces : mieux se nourrir, mieux s'occuper de sa maison, mieux s'occuper de soi, mieux s'occuper de ses loisirs. L'hypermarché est entièrement pensé selon cette logique du mieux-vivre.

2. L'objectif est de faire gagner du temps aux clients et de faire en sorte que l'acte d'achat soit aussi un plaisir.

3. Les éléments de théâtralisation sont les suivants :
– Le metteur en scène : Auchan et son concept de l'hypermarché du mieux-vivre.
– Le scénario : création d'espaces spécifiques dans lesquels les produits sont présentés selon une logique clients.
– Les acteurs : les produits, le personnel, les clients.
– Le décor : l'éclairage, les couleurs chaudes, le mobilier, les formes arrondies et féminines, la signalétique...

4. Il s'agit essentiellement de la vue, le sens traditionnellement le plus sollicité.

26 Le marchandisage de gestion

Exercice › *p. 121*

1. Le critère pris en compte par l'hypermarché Conti pour déterminer le COS est le temps passé dans le rayon.

2. Si l'indice de passage au rayon Bricolage est faible mais que son indice d'achat est fort, on enregistrera un indice d'attractivité fort (d'après le mode de

calcul de l'indice d'attractivité). Cela s'explique par le fait que seuls les clients intéressés par l'achat d'articles en vente dans ce rayon le fréquentent.

3. Calculs des indices
– Indice de passage : eaux = 84 % ; textile = 67 % ; animaux = 17 %.
– Indice d'achat : eaux = 50 % ; textile = 17 % ; animaux = 14 %.
– Indice d'attractivité : eaux = 60 % ; textile = 25 % ; animaux = 82 %.

Détail des calculs (rayon Eaux) :
– **indice de passage** : (nombre de clients passant dans le rayon Eaux / nombre de clients entrant dans le magasin) × 100 : (2 500 / 3 000) × 100 = 84 % ;
– **indice d'achat** : (nombre de clients achetant un produit dans le rayon Eaux / nombre de clients entrant dans le magasin) × 100 : (1 500 / 3 000) × 100 = 50 % ;
– **indice d'attractivité** : (indice d'achat /indice de passage) × 100 :
(50 / 84) × 100 = 60 %.

4. L'indice d'attractivité le plus fort se trouve au niveau du rayon Animaux. En effet, les clients entrant dans ce rayon sont peu nombreux mais sont dans la grande majorité des acheteurs. L'indice d'attractivité du rayon Eaux est fort. Nombreux sont les clients qui passent dans ce rayon et qui achètent. L'indice d'attractivité du rayon Textile est faible malgré un fort indice de passage. L'indice d'achat dans ce rayon est donc faible.

27 L'analyse et le suivi des ventes

Exercice > *p. 124*

1. Tableau de bord du mois d'août

Août	Prévu		Réel	
	Valeur	%	Valeur	%
CA HT	540 000		500 000	
Marge brute	118 800	22,5	112 500	22,5
Démarque connue	13 500	2,5	10 000	2,0
Démarque inconnue	14 040	2,6	13 000	2,6
Marge nette	91 260	16,9	89 500	17,9
Frais				
Transport	64 800	1,2	6 000	1,2
Structure	18 900	3,5	17 500	3,5
Personnel	65 880	12,2	65 000	13,0
Ressources				
Remises	24 300	4,5	24 300	4,86
Coopération commerciale	29 700	5,5	29 700	5,94
Indice de réalisation en %			92,6	

2. Écarts significatifs :
- points négatifs : l'indice de réalisation est inférieur à 1, il montre que l'objectif de chiffre d'affaires n'est pas réalisé (– 40 000 € par rapport aux prévisions). Il a des incidences sur la marge brute qui est aussi inférieure aux prévisions. Les frais de personnel sont plus importants que prévus (13 % au lieu de 12,2 % l'an dernier) ;
- point positif : la démarque connue a légèrement baissé.

3. On constate une baisse du chiffre d'affaires et de la marge. Deux causes expliquent ces écarts :
- la conjoncture économique avec la baisse du pouvoir d'achat ;
- la concurrence de Maxiprix qui a liquidé ses stocks.

4. Tableau de bord prévisionnel du mois de septembre

Septembre	Réalisé année N–1		Prévisionnel année N	
	Valeur	%	Valeur	%
CA HT	720 000		792 000	
Marge brute	144 000	20	158 400	20
Démarque connue	18 720	2,6	19 800	2,5
Démarque inconnue	25 920	3,6	20 592	2,6
Marge nette	99 360	13,8		
Frais				
Transport	7 200	1	7 920	1
Structure	25 200	3,5	27 720	3,5
Personnel	10 080	14	110 880	14
Ressources				
Remises	32 400	4,5	33 500	4,2
Coopération commerciale	36 000	5	38 000	4,8
Indice de réalisation en %	105			

CORRIGÉS

28 La réglementation en matière d'hygiène et de sécurité

Exercice › *p. 131*

Produits	Décisions	Justification
Yaourts	Mauvaise	C'est une denrée périssable : le retrait s'effectue à DLC – 4, donc le 07/09. On peut les laisser encore une journée.
Saumon	Bonne	C'est une denrée très périssable et le retrait se fait à DLC – 5, donc le 06/09.
Parfum	Bonne	Pas de réglementation particulière. Le produit est en état de vente.
Biscuits secs	Bonne	Il n'y a pas à tenir compte de la rupture de la chaîne du froid. La DLUO est valable.
Jambon sous vide	Mauvaise	Il y a rupture de la chaîne du froid, le produit ne peut être remis en vente.
Crèmes glacées	Mauvaise	Elles auraient dû être retirées le 30 août (DLC – 30 jours au matin).

29 Les outils de transmission de données à distance

Exercice › *p. 133*

1. Les principales applications de l'intranet du Groupement des Mousquetaires sont de proposer :
– des recommandations en matière de marchandisage ;
– des éléments de comparaison d'un magasin à un autre.

2. Les avantages du réseau intranet sont :
– une économie sensible par comparaison à l'édition papier ;
– des éditions plus fréquentes puisqu'il est possible d'en proposer deux à trois par an au lieu d'une auparavant ;
– une réactivité plus grande des points de vente face aux évolutions du marché.

···⁘ TESTEZ VOS CONNAISSANCES

À l'aide des questions suivantes, vérifiez votre connaissance du cours. Cochez la ou les bonnes réponses. Vous trouverez les réponses page 158. Si vous n'avez pas la bonne réponse ou si vous désirez aller plus loin, vous pouvez vous reporter aux fiches de cours indiquées.

▶ 1. Une étude quantitative a pour objectif :

a. de recenser les statistiques internes de l'entreprise. ❑
b. d'établir des statistiques. ❑
c. de dresser le profil du client. ❑

···⁘ Fiche 2, p. 16

▶ 2. Segmenter un marché, c'est :

a. diviser la clientèle en sous-groupes homogènes. ❑
b. diviser le marché en parts égales. ❑
c. définir la cible commerciale de l'entreprise. ❑

···⁘ Fiche 3, p. 20

▶ 3. Le positionnement d'une marque peut être défini comme :

a. la façon dont est perçue la marque par les consommateurs. ❑
b. la place des produits dans le point de vente. ❑
c. l'image définie par l'entreprise pour se différencier de la concurrence. ❑

···⁘ Fiche 4, p. 24

▶ 4. La fonction de veille commerciale permet :

a. de suivre avec précision les ventes. ❑
b. de repérer les compétences et les faiblesses des vendeurs. ❑
c. d'identifier les opportunités offertes par le marché. ❑

···⁘ Fiche 5, p. 28

▶ 5. La fonction de détail consiste à :

a. vendre en petites quantités. ❑
b. vendre à des consommateurs finaux. ❑
c. vendre à des professionnels. ❑

···⁘ Fiche 6, p. 34

6. La surface de vente d'un supermarché est comprise entre :

a. 120 et 2 500 m². ❑
b. 400 et 2 500 m². ❑
c. 1 500 et 2 500 m². ❑

···➔ Fiche 7, p. 40

7. La coopération commerciale se définit comme :

a. un contrat de prestation de services entre un distributeur et ses fournisseurs. ❑
b. un contrat de prestation de services entre les différentes enseignes d'un centre commercial. ❑
c. un accord verbal sur des prestations de services entre un distributeur et ses fournisseurs. ❑

···➔ Fiche 8, p. 44

8. La contrefaçon est :

a. une production autorisée, sous certaines conditions. ❑
b. une reproduction approximative de la marque. ❑
c. la reproduction d'une marque à l'identique. ❑

···➔ Fiche 11, p. 56

9. La qualité en mercatique, c'est :

a. le haut de gamme. ❑
b. l'aptitude d'un produit à satisfaire les besoins des consommateurs. ❑
c. le mieux que l'on puisse faire. ❑

···➔ Fiche 12, p. 60

10. Le taux réduit de la TVA s'élève à :

a. 19,60 %. ❑
b. 5,50 %. ❑
c. 2,10 %. ❑

···➔ Fiche 13, p. 62

▶ 11. Pour pratiquer efficacement l'écoute active, il faut :

a. observer uniquement les gestes de l'interlocuteur. ❑
b. questionner sur les besoins et argumenter. ❑
c. observer, questionner, reformuler. ❑

⋯> Fiche 14, p. 66

▶ 12. La mercatique directe regroupe les techniques permettant de :

a. communiquer directement avec le consommateur. ❑
b. cibler les consommateurs exclusivement à l'aide d'un fichier. ❑
c. contacter le consommateur par téléphone. ❑

⋯> Fiche 16, p. 74

▶ 13. Un client est satisfait lorsque :

a. ses attentes sont inférieures à la prestation offerte par l'entreprise. ❑
b. ses attentes sont supérieures à la prestation offerte par l'entreprise. ❑
c. ses attentes sont identiques à la prestation offerte par l'entreprise. ❑

⋯> Fiche 19, p. 90

▶ 14. Le cadencier est un document permettant de :

a. calculer les quantités à commander. ❑
b. suivre les niveaux de stocks souhaitables. ❑
c. mesurer la productivité des salariés. ❑

⋯> Fiche 20, p. 92

▶ 15. La démarque inconnue est la conséquence de :

a. vols et d'erreurs administratives. ❑
b. vols et casse signalés sur le cahier de casse. ❑
c. promotions, soldes et alignements sur les prix. ❑

⋯> Fiche 22, p. 102

▶ 16. Le stock minimum permet de :

a. couvrir les ventes en cas de retard de livraison. ❑
b. déclencher le réapprovisionnement. ❑
c. faire face aux ventes pendant le délai de livraison. ❑

→ *Fiche 23, p. 106*

▶ 17. La remise est une réduction en fonction :

a. d'un montant d'achat important. ❑
b. d'un problème sur le produit. ❑
c. d'un montant d'achat calculé en fin de période. ❑

→ *Fiche 24, p. 110*

▶ 18. Le marchandisage de séduction a pour but :

a. d'exposer un maximum de produits aux yeux des clients. ❑
b. d'améliorer la gestion commerciale du rayon. ❑
c. de créer une ambiance favorable à la vente pour séduire le client. ❑

→ *Fiche 25, p. 114*

▶ 19. Le facing ou frontale est :

a. la longueur totale des niveaux de présentation d'un produit. ❑
b. la longueur des rayons de présentation d'un produit. ❑
c. le nombre d'unités exposées vues de face sur un niveau. ❑

→ *Fiche 26, p. 118*

▶ 20. Le tableau de bord est un outil permettant :

a. d'analyser et de suivre les performances des commerciaux. ❑
b. d'analyser et de suivre les performances des produits. ❑
c. d'optimiser la gestion des stocks. ❑

→ *Fiche 27, p. 122*

▶ 21. Le CHSCT assure une vigilance sur :

a. l'hygiène et la sécurité des produits, des employés. ❑
b. la concurrence entre les distributeurs. ❑
c. la traçabilité des produits. ❑

→ *Fiche 28, p. 126*

→ Réponses : 1b, 2a, 3c, 4c, 5b, 6b, 7a, 8c, 9b, 10b, 11c, 12a, 13c, 14a, 15a, 16c, 17a, 18c, 19c, 20b, 21a.

Lexique

A

Achat spontané, d'impulsion ou impulsif

Acte d'achat non prémédité, obéissant, par réflexe, à la volonté de satisfaire immédiatement un désir suscité le plus souvent par la vue d'un article, les prix pratiqués, l'assortiment, l'ambiance promotionnelle.

B

Boycott

Refus concerté d'acheter certains produits ou services, dans le but d'exercer une pression économique ou politique.

C

Chaîne du froid

Maintien à basse température d'aliments réfrigérés afin de conserver leurs qualités nutritionnelles et organoleptiques (saveur, odeur...).

Coopération commerciale

Ensemble des services rendus par un distributeur à un fournisseur pour mettre en valeur les produits du fournisseur dans le point de vente.

D

Démarque

Différence entre les relevés de l'inventaire physique et théorique constatant une perte. Elle est connue ou inconnue.

Déréférencement

Suppression d'un produit ou d'un fournisseur de la liste d'une centrale d'achats.

E

Étude de marché

Ensemble des techniques permettant de recueillir des informations nécessaires à la prise de décisions commerciales.

F

Frontale (facing)

Présentation vue de face du produit en linéaire.

H

Habitude d'achat

Comportement régulier de l'acheteur d'un produit ou d'un service donné, défini en termes de fréquence d'achat et de lieux d'achat.

I

ILV (information sur le lieu de vente)

Ensemble des supports destinés à l'information du client sur le point de vente.

Inventaire

Comptage physique des stocks qui permet leur évaluation financière.

L

Linéaire

Ensemble des mobiliers et supports de présentation dans un magasin.

M

Marchandisage de gestion

Ensemble des techniques commerciales utilisées par les distributeurs pour rentabiliser au maximum la surface de présentation marchande.

Marché
Lieu de rencontre entre l'offre et la demande permettant de satisfaire un besoin exprimé.

Marge brute unitaire
Prix de vente unitaire HT – coût d'achat unitaire HT (coût d'achat = prix d'achat + charges sur achat).

Marge nette unitaire
Marge brute unitaire – charges de distribution et d'administration imputées au produit.

Motivation
Ensemble structuré par des motifs et des mobiles, découlant des aspirations, des désirs et des besoins, et qui incite à penser et à agir dans un sens déterminé.

P

PLV (publicité sur le lieu de vente)
Ensemble des supports mettant en avant le produit dans la surface de vente.

Positionnement
Détermination et réalisation des caractéristiques qui doivent être données à un produit ou à une marque pour permettre au consommateur de le (ou la) distinguer favorablement par rapport à ceux (ou celles) de la concurrence.

Potentiel commercial
Demande théorique d'un produit ou d'un service de la part d'un groupe précis de consommateurs, dans une zone géographique déterminée, durant une période de temps donnée.

Publipostage
Messages adressés par courrier à une clientèle précise.

R

Réassortiment
Renouvellement du stock d'un produit.

Référencement
Inscription d'un produit ou d'un fournisseur sur la liste d'une centrale d'achats, après négociation entre le fournisseur et la centrale d'achats.

Réimplantation
Modification d'une ou de plusieurs familles de produits dans le linéaire en suivant la politique de marchandisage.

S

Stock
Ensemble des marchandises disponibles à la vente (en magasin et en réserve) à un moment donné.

Succursale
Point de vente sans personnalité juridique appartenant à un distributeur.

Surmarque
Marge réalisée grâce à de meilleures conditions d'achat ou des prix de vente plus élevés.

T

Tableau de bord
Document de gestion qui rassemble les informations nécessaires à l'analyse et au suivi des performances du produit, du rayon, du magasin.

Traçabilité
Aptitude à retrouver l'historique, l'utilisation ou la localisation d'un produit au moyen d'identifications enregistrées.

V

Valeurs
Ligne de conduite basée sur la conception de ce qui est « bien ou mal » pour un individu, une société.

N° éditeur : 10153847 - EDICOMPO - Dépôt légal : juillet 2008
Imprimé en France par I.M.E. - 25110 Baume-les-Dames